A la mémoire d'Henri Viaux,
fondateur de la Fédération Française de la Randonnée Pédestre.

De gauche à droite
Pic du Paradis dans les Pyrénées.
Col Perdu en Corse.
Le Lot.

En couverture
Chevaux pottocks en semi-liberté dans le Pays basque.
Les aiguilles de Bavella en Corse.

En 4e de couverture
La presqu'île de Crozon, en Bretagne.
Un petit lac, entre le lac Sainte-Anne et le col Girardin, dans les Alpes.

ITINÉRAIRES DE DÉCOUVERTES

Les plus beaux trekkings en France

« La marche m'aide
à remettre les pieds sur terre »

Dominique Turcq
(revue *HEC* juillet-août 2004)

PHOTOGRAPHIES **Bruno Colliot**
TEXTE **Jacqueline Cantaloube**

PRÉFACE **Claude Hüe**

Editions OUEST-FRANCE

Préface

Pour opérer un retour aux sources, étancher une soif de paysages authentiques ou s'évader d'un environnement trop urbain, nul besoin d'aller faire un trek au bout du monde. Les sentiers de Grande Randonnée offrent le dépaysement à portée de foulée.

« Marcher, c'est bien entendu aller de l'avant, mais le corps n'est pas seul en action, l'esprit s'anime, les pensées défilent », écrivait Jean Malaurie. Partir sur les GR®, c'est aussi offrir à son esprit un voyage au long cours, une sorte de rêve animé, qui le laisse vagabonder sans contraintes de temps ni d'espace.

Autrefois à vocation économique, liaisons entre communautés, voies de transhumance... les itinéraires se sont adaptés à leur nouvelle fonction sociale, le tourisme. Ils sont devenus des lieux de découverte, de rencontres, de sensations, de renaissances. On les emprunte ainsi sans autre but que de humer le parfum des fleurs ou l'odeur des sous-bois et pouvoir surprendre chevreuils ou faisans jaillissant d'un fourré.

Créés dans les années cinquante, balisés en blanc et rouge et régulièrement entretenus depuis par un réseau de 6 000 baliseurs bénévoles, les célèbres itinéraires GR® offrent aujourd'hui au randonneur un choix immense de destinations en France. Ces sentiers représentent un véritable patrimoine fort de 65 000 km et auréolés pour certains d'un classement par l'Unesco, telles les voies françaises menant à Saint-Jacques-de-Compostelle.

De leur conception à leur réalisation, en passant par l'homologation et le balisage aux normes de la FFRandonnée, ils naissent souvent au prix d'un long cheminement, des années d'investissement de bénévoles passionnés. Un travail de l'ombre insoupçonné aux regards des milliers de randonneurs qui les parcourent chaque année.

Ce magnifique ouvrage vous mène à la découverte des plus mythiques d'entre eux. Les parcourir au fil des pages est une invitation à la rêverie et à suivre les traces de marcheurs célèbres ou anonymes... déjà un premier pas, qui vous mènera je vous le souhaite et l'espère, vers une expérience personnelle inoubliable.

Claude Hüe
Présidente de la Fédération Française de la Randonnée Pédestre

Page de gauche
En Corse sur le GR® 20, arrivée sur le cirque de la Solitude.

Introduction

Trekking ! un mot que l'on associe tout de suite à des pays comme le Népal, les Andes, le Sahara, etc. Vous serez peut-être surpris de le voir utilisé pour la France. Le mot évoque l'aventure, la communion avec une nature sauvage et lointaine, le bivouac, les grands espaces, mais aussi un certain état d'esprit, une autre façon de vivre sa randonnée.

L'aventure, ceux qui ont reconnu et balisé les sentiers de grande randonnée l'ont vécue lorsqu'ils partaient en pleine nature avec leurs cartes repérer les itinéraires, avec pour seuls indices sur le terrain que les vieux chemins où passaient autrefois muletiers, bergers et leurs troupeaux, colporteurs et... contrebandiers ! Ils portaient une tente sur leur dos, mais beaucoup préféraient dormir à la belle étoile. Ils ont osé créer de nouveaux passages afin que les randonneurs pénètrent au plus profond des paysages de France.

Se retrouver en plein brouillard dans les Pyrénées à la Hourquette d'Ossoue, à 2 734 m d'altitude ; s'accrocher aux mains courantes pour franchir les barres rocheuses du cirque de la Solitude en Corse ; affronter une forte tempête à la pointe de la Chèvre ou au cap Gris-Nez ; remonter du fond des gorges du Verdon dans les éboulis après avoir emprunté échelles et tunnels du sentier Martel ; traverser des névés pour arriver au col de Chavière à 2 796 m, avec en récompense, par temps clair, la vue sur les glaciers de la Vanoise, le mont Blanc, le Pelvoux, les Ecrins, le Thabor et le Viso ! N'y a-t-il pas dans ces quelques itinérances un parfum d'aventure ?

Et que d'autres endroits où vous pouvez goûter la joie de vous sentir si loin, si loin... et de vous mesurer aux aspérités des cheminements. La France est riche de paysages grandioses où il est encore possible de se fondre, en totale osmose avec la nature.

Vous pouvez aussi savourer le bonheur de vous pelotonner dans votre sac de couchage sur une grève pour voir le soleil se lever et se coucher, ou comme R.L. Stevenson vous

endormir sous les pins car « *la nuit sous un toit est un temps mort et monotone, mais, à ciel ouvert, elle passe légère, sous les étoiles, sa rosée et ses effluves de parfum...* ».

Il est encore possible aujourd'hui de dormir sous les étoiles, mais en respectant toutefois les usages établis lorsque les GR® traversent le territoire d'un parc ou autre espace sensible. Jamais de feu par exemple. R.L. Stevenson ne serait plus autorisé à faire chauffer son chocolat sur sa lampe à alcool !

J'ai chaussé des bottes de sept lieues pour évoquer les dix trekkings, m'arrêtant de temps à autre pour vous parler d'un paysage ou vous conter une histoire. A vous maintenant d'aller vers vos propres émotions.

Le photographe Bruno Colliot, amoureux de terres lointaines, a sillonné les GR® pour y chercher les panoramas les plus vastes, les roches et les arbres aux formes insolites, les brumes des petits matins, les chemins qui courent vers de nouveaux horizons, etc. Des photos d'une France secrète qui veut bien se laisser découvrir, mais seulement au bout du soulier ou devant l'objectif d'un photographe épris de nature, de rêve et de liberté.

Sachez que le fil d'Ariane blanc-rouge des GR® est l'œuvre de milliers de bénévoles qui, sous la houlette de la Fédération française de la randonnée pédestre – avec le soutien de GDF SUEZ –, consacrent leurs loisirs à les entretenir pour vous donner la joie de partir le nez au vent vers de nouvelles aventures sur les sentiers de France.

Jacqueline Cantaloube

Vue sur le col de Bise, en Haute-Savoie.

La traversée des Alpes

du Léman à la Méditerranée

« Des bouffées de souvenirs enfouis surgissent de nos randonnées. Un clin d'œil du compagnon de course, une odeur de terre mouillée, un bruit de cascade, la fraîcheur de l'eau du bachal. Un certain matin privilégié où l'on surprend le chamois pétrifié.

Gros plan sur le travail
de l'érosion au lac Long,
dans le massif du Mercantour.

*Vieux sentiers, vieux souliers usés sur les pierres, les pas dans les pas…
le sentiment d'être admis dans ce cadre montagnard rude et insensible, mais qui sait, dans un coin, faire fleurir une couronne d'androsaces ou une touffe d'edelweiss […]
Marcher en montagne, une approche d'un bonheur simple, un retour aux sources, aux vraies richesses occultées par la vie moderne. Après des années de cheminement avec des amis, un peu de bonheur
est resté accroché à nos souliers. Plaisir d'avoir marché ensemble. »*

Marc de Seyssel/Jean Malcor, *Du chalet au Sarto*, Ed. La Fontaine de Siloé, 1997.

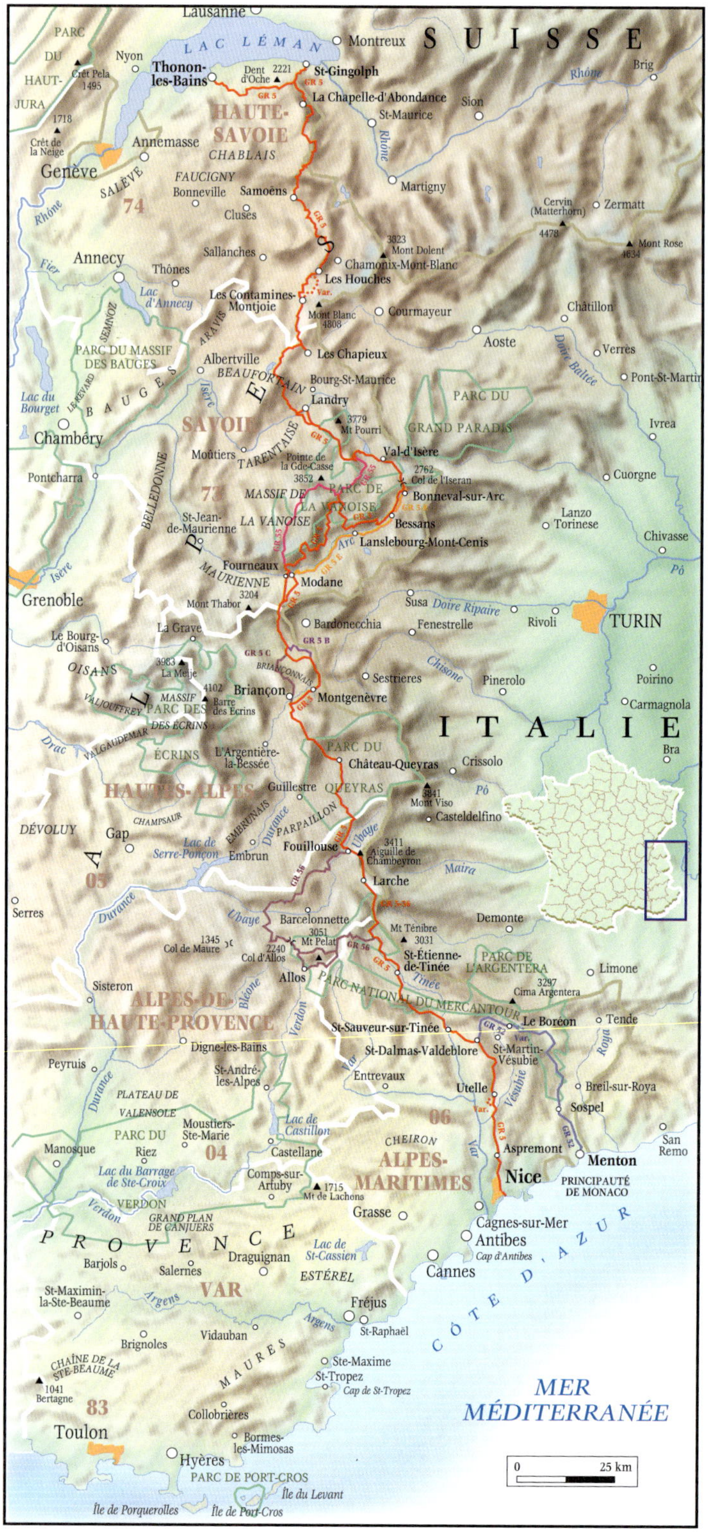

Les Alpes ont fasciné bien des hommes, tentés de conquérir leurs sommets. Ils y sont parvenus et ont ainsi « lancé la mode » de la montagne. La découtttverte du milieu montagnard – hors conquêtes des grands sommets ! – est devenue vraiment accessible avec le balisage blanc-rouge des itinéraires GR® lancé dès 1947 par le Comité national des sentiers de grande randonnée, devenu Fédération française de la randonnée pédestre en 1978. Les excursionnistes pédestres du début du XXe siècle sont devenus des randonneurs.

Le GR® 5 « prend sa source » aux Pays-Bas, traverse la Belgique, le Luxembourg, les Vosges, les monts du Jura et arrive au bord du lac Léman. Un parcours qui lui vaut d'être classé sentier européen E2.

Tout est fin prêt ? Alors en chemin après un dernier regard sur le lac (ne jamais dire le lac de Genève !). Difficile de décrire la totalité du cheminement jusqu'à la Méditerranée. Je vous invite à faire quelques arrêts, vous laissant le plaisir de vos propres découvertes.

Premier arrêt aux lacs d'Oche, au pied d'un vaste cirque, où domine la Dent d'Oche (2 221 m). Si vous ne craignez pas d'en faire trop pour le début, montez jusqu'au refuge de la Dent d'Oche, le panorama est immense sur le Léman et les Alpes. Si vous y couchez, vous aurez peut-être la chance d'un coucher et d'un lever de soleil somptueux. Départ dans la fraîcheur du petit matin

Topo-guides® FFRandonnée / GR® 5

- Du Léman au mont Blanc, Thonon/Croix du Bonhomme (186 km), réf. 504
- La Vanoise, Croix du Bonhomme/Modane (300 km), réf. 530
- De la Maurienne à l'Ubaye, Modane/Larche (127 km), réf. 531
- Traversée du Mercantour (de Larche à Nice 154 km, de Saint-Dalmas Valdeblore à Menton 95 km, Panoramique du Mercantour, du col de Tende à Colmars, 192 km), réf. 507

Disponible également en e-topo® (topo-guide® numérisé comportant le même contenu que la version papier)

Vue sur le lac Léman.

– petite laine indispensable –, vous allez respirer, entendre frémir la nature qui s'éveille, vous sentir en communion totale avec le chemin et son environnement encore tout perlé de rosée.

Après la riante vallée d'Abondance, contour de l'épaule sud-est de l'arête de Coinçon, pour un hors GR® quasi obligé pour grimper jusqu'au mont de Grange (2 432 m), deuxième sommet du Chablais savoyard : une magnifique pyramide calcaire qui abrite un milieu naturel particulièrement riche et varié. Chamois et mouflons assurés.

Petite incursion en Suisse, dans le Valais, du col de Chésery (le balisage blanc-rouge devient un losange jaune entouré de noir) au col de Coux.

Franchissement ensuite du col de la Golèse, important lieu de passage d'oiseaux migrateurs. Une mésange bleue baguée – momentanément capturée dans un filet – est passée là sept années consécutives !

Après Samoëns et les gorges du Giffre, détournez-vous un peu de l'itinéraire pour aller jusqu'au cirque du Fer-à-Cheval, situé dans la réserve naturelle de Sixt-Passy. La nature s'est faite ici grandiose. Sous le pic de Tenneverge (2 987 m), les Cornes du Chamois et la tour Carrée forment un bel exemple du travail de l'érosion dans le calcaire. Pas moins de trente cascades sautent des escarpements dans un bruit étourdissant. Dans la réserve, qui couvre 9 200 ha dans le massif du Haut Giffre, huit cents espèces végétales recensées ! La faune des Alpes y est présente en totalité, en particulier les quatre tétraonidés : le grand-tétras, le tétras-lyre, le lagopède et la gélinotte des bois. Discrétion absolue, si l'on veut avoir une petite chance de les apercevoir. Dans les airs peut-être observerez-vous le gypaète barbu, réintroduit dans les Alpes avec succès.

Montée vers le col de Bise dans la brume matinale.

Du GR®, vue sur le lac de Montriond.

Autre grand site de la réserve : le lac d'Anterne, enchâssé dans un univers minéral. Au col d'Anterne, vous contemplerez la chaîne du Mont-Blanc, les Aiguilles Rouges, la chaîne des Fiz et la pointe d'Anterne.

Profitez-en pour faire une pause casse-croûte avant de grimper vers le sommet du Brévent, afin de ne pas subir la même aventure que Pascal :

« Je garde une "tendresse" particulière pour le Brévent. Et pourtant il ne m'a pas épargné. Il reste comme la plus mémorable défaillance de ma vie de randonneur. Pas le Brévent presque docile et débonnaire que connaissent tous ceux qui ont accompli le fameux Tour du Mont-Blanc. Non, il s'agit de la vraie ascension du Brévent, par sa face nord dite pierrier d'Envers, itinéraire normal du GR® 5 quand on vient du col de Samoëns par le col d'Anterne. Après les chalets d'Arlevé (1 867 m), le GR® escalade la montagne par une succession de lacets à travers le célèbre pierrier. Dans sa ligne de mire, le col du Brévent. Une sale défaillance me frappe alors sur ces pentes. Hypoglycémie. Panne sèche. Plus de carburant dans le corps. Plus de répondant dans les jambes. Je grimpe en zigzagant plus encore que les lacets. A bout de forces, je pose mon sac et m'assoie dessus. Je me jette sur tout : oranges, lait sucré en tube, figues sèches... J'avale comme un "meurt-de-faim". Et j'attends l'effet "starter" de ces provisions hyperglucidées. Tout le reste de l'ascension, col du Brévent et sommet (2 526 m) se fera l'esprit dans le brouillard. Tout en haut, la récompense est à la hauteur de l'effort : un panorama unique sur toute la chaîne du Mont-Blanc et la vallée de Chamonix, avec les glaciers des Bossons et de Taconnaz au premier plan. L'expérience

Deux arbres d'altitude : le pin cembro et le mélèze

C'est vers 1 200 m d'altitude qu'apparaît le mélèze ; un peu plus haut, le pin cembro, ou arole, se joindra à lui. Tous deux résistant bien au froid, on pourra les retrouver jusqu'à 2 400 m.
On dit du mélèze que c'est une « essence de lumière » : il aime beaucoup le soleil mais avec les pieds au frais ! Seul conifère à perdre ses aiguilles, l'automne venu, celles-ci couvrent d'or le mélézin. Il a bien sûr un air plutôt triste en hiver, mais il se rattrapera au printemps lorsque ses branches s'orneront de petites fleurs. Chatons jaunes : fleurs mâles, chatons framboise : fleurs femelles. Leur forme esquisse déjà celle du futur cône adulte. A maturité, les cônes s'ouvrent, les graines ailées dispersées par le vent, les oiseaux, le ruissellement des eaux, assurent la reproduction. Les cônes du pin cembro, eux, ne s'ouvrent pas, même en tombant sur le sol. Comment alors assurer sa reproduction ? La nature a réponse à tout. Arrive un oiseau de la famille des corvidés : le casse-noix moucheté. Avec son bec, il décortique le cône, en extrait les graines, dont il est très friand. Il fait un plein dans son œsophage et dans la poche extensible qu'il a sous la langue. Provision qu'il enfouit quelques kilomètres plus loin en la dispersant dans des caches. Les graines non consommées germeront pour donner naissance à de nouveaux pins cembro.

Le randonneur est un lève-tôt !

aura servi de leçon. Il ne faut jamais négliger les pauses casse-croûte. »

Des Houches, vous choisirez certainement de gagner Chamonix en hors GR®. L'alpinisme est né ici. La première compagnie des guides y fut créée en 1821. Sur une place de Chamonix, deux silhouettes de bronze : aux côtés de Henri-Bénédict de Saussure, naturaliste et physicien suisse, le cristallier Jacques Balmat pointe son index vers le mont Blanc, un sommet conquis ensemble en 1787...

L'œil ne se lasse pas de regarder le massif prestigieux qui a nourri tant de rêves... Il va falloir classer dans un tiroir de votre mémoire toutes les images. Avant de monter au col du Bonhomme, arrêt rafraîchissement au chalet du Nant-Borrant : là ce sont les dômes de Miage, le glacier de Tré-la-Tête et le mont Tondu qui composent un décor unique.

Après avoir franchi le col du Bonhomme, entrée dans le Beaufortain, dont Roger Frison-Roche disait : *« Nous sommes ici dans la montagne des hommes. Leurs troupeaux pâturent jusqu'aux plus hauts sommets, les pittoresques fermes isolées s'essaiment sur les pentes, se nichent dans les clairières des plus belles forêts de conifères de la Savoie. Rare privilège en effet que de posséder à la fois les alpages et les forêts. »*

Des alpages, vous en traverserez près du lac de Roselend, sauf si les troupeaux de vaches Tarine et Abondance – dont le lait donne le savoureux Beaufort – sont partis plus haut. Ici, les bergers disent qu'ils « suivent l'herbe », montant successivement en altitude : c'est la « remue ».

Centaurée avec ses bractées en peigne.

Une rencontre sympathique avec un jeune bouquetin.

Samivel, célèbre écrivain et dessinateur de la montagne, disait que le Parc national de la Vanoise était « le grand jardin des Français ».

Et voici la Tarentaise, dont on dit que « quelques décennies l'ont fait passer de la civilisation du mulet à celle de l'hélicoptère ». Elle est devenue l'un des plus grands centres de ski de la planète. Le GR® 5 suit les bords du lac de l'impressionnant barrage de Tignes. Impossible de ne pas avoir une pensée pour le petit village englouti par les eaux un jour de mars 1952...

Entre-temps le GR® aura pénétré dans le Parc national de la Vanoise, le premier créé en France en 1963. Savez-vous ce qui fut à l'origine de cette création ? La protection des bouquetins sur le versant français des Alpes ! Le territoire du parc s'étend sur 53 000 ha situés dans le département de la Savoie. La haute montagne est son domaine : cent sept sommets dépassent 3 000 m, dont le plus haut, celui de la Grande Casse, à 3 852 m. Vous allez vous régaler de paysages de montagne comme on les rêve : cimes enneigées, glaciers, forêts, prairies, alpages, petits lacs, torrents... Se reposer près des eaux vives, s'y baigner si on ne craint pas l'eau glacée, écouter les sonnailles des troupeaux en alpage... Une douce sensation de bien-être vous envahit, le pain et le fromage qui composent votre casse-croûte prennent des allures de festin..., seule dame marmotte trouble l'instant avec ses sifflements stridents. L'aigle royal plane dangereusement

En Vanoise, vue sur le lac de barrage d'Aussois.

Les randonneurs font le point sur la carte, devant la pointe de l'Echelle.

au-dessus des terriers. Tout le monde aux abris !

J'ai eu la chance de faire connaissance avec la Vanoise un jour de grand beau entre Bellecombe et Pralognan. Jamais une halte « tarte aux myrtilles » – celle que nous fîmes au col de la Vanoise (2 517 m) au refuge Félix-Faure – ne bénéficia d'un tel décor : celui du glacier des Grands Couloirs que la Grande Casse expose sur sa face sud-ouest. Votre imagination se met à trotter sur cet univers de crevasses, séracs, orgues, abîmes... Un spectacle fascinant !

Le bouquetin a été sauvé grâce à l'existence du parc. Il lui en est reconnaissant car la population s'est considérablement agrandie : près de deux mille. Le parc du Grand Paradis, en Italie, qui a une frontière commune avec celui de la Vanoise, en compterait sept mille ! Les deux parcs, jumelés depuis 1972, ont lancé un programme de suivi des déplacements transfrontaliers de ce mammifère des Alpes à qui ses belles cornes crénelées donnent une si belle élégance. Vous en verrez certainement, tout comme les chamois, beaucoup plus nombreux.

Différentes variantes s'offrent au randonneur pour gagner la Maurienne : GR® 55, GR® 5E. En empruntant ce dernier itinéraire, vous découvrirez les richesses de l'art baroque qui illuminent maintes églises, fruit du travail des artistes locaux et aussi valsesians. De fameux

Panorama depuis la pointe de l'Observatoire, dans le massif de la Vanoise. En fond, le mont Blanc.

En haut, au milieu : **Symphonie de couleurs sur le lac Jovet.**

marcheurs que ces artistes, pouvant parcourir jusqu'à 400 km pour rejoindre leur lieu de travail. Si vous passez au col de la Leisse, imaginez un certain Giuseppe Andrea Gilardi rejoignant la Tarentaise avec sur l'épaule un maigre baluchon contenant ses précieuses gouges. Comme l'a écrit Gaston Roupnel, *« l'homme ne marche jamais sur cette terre que sur les traces de ses pas anciens »*.

Après Modane, passage au col de la Vallée étroite, au pied du mont Thabor (3 178 m), qui franchit la ligne de partage des eaux entre Alpes du nord et du sud. Passé Plampinet, village au bord de la Clarée, chère à Emilie Carles, l'auteur de *La Soupe aux herbes sauvages*, vous gagnerez les chalets des Acles et le col de Dormillouse (2 445 m) après une superbe montée dans les rhododendrons, puis le col de la Lauze, avant de plonger dans l'atmosphère citadine et historique de Montgenèvre et Briançon. Il faut bien de temps en temps assurer le ravitaillement !

Le Queyras vous ouvre ses portes au col des Ayes, autrefois passage très fréquenté entre le Briançonnais et le Queyras. Celui-ci fut longtemps isolé : la route de la combe qui longe les gorges du Guil ne fut ouverte qu'en 1856 et la voie du col de l'Izoard, en 1887. Le Queyras est aujourd'hui sorti de son isolement, depuis notamment la création en 1977 du Parc naturel régional du Queyras qui a impulsé une nouvelle vie à ces lieux.

En passant à la Chalp d'Arvieux, petite visite chez « L'Alpin chez lui », première coopérative ouvrière de France, fondée en 1920, qui assura un revenu à nombre de foyers paysans pendant l'hiver. Découpe et décoration de figurines se faisaient à la ferme. Les Queyrassins sont d'habiles sculpteurs et du pin cembro – une

Bleu intense des fleurs de gentiane.

A droite : **Cadran solaire dans le Queyras. Le département des Hautes-Alpes en compte plus de 400 !**

essence locale – sont sorties étoiles, croix, rosaces, tresses…

Le Queyras, c'est une luminosité unique, un ensoleillement de trois cents jours par an. Ce soleil, on le retrouve dans les devises des cadrans solaires : « Le soleil se lève pour tous » ou « Sans ta clarté et ta chaleur, nous n'aurions ni heure, ni fleur ». Les fleurs, elles envahissent les prairies en juin, une floraison connue des botanistes du monde entier.

Parmi tous mes souvenirs de paysages queyrassins en émerge un, très intimiste : celui du hameau de Souliers, construit sur les bords d'un torrent, au milieu des prairies. Le pic de Rochebrune campe le fond du décor. Un modèle de paysage agricole maintenu bien vivant par les habitants du hameau. Des clôtures en bois bordent le chemin, les petits canaux d'irrigation serpentent… En fin de journée, la lumière rase les prairies soigneusement fauchées, une atmosphère un peu hors du temps enveloppe le village. Vous déciderez peut-être de passer la nuit au gîte d'étape…

La pointe de l'Observatoire.

La marmotte aime l'herbe tendre, les bourgeons, les fruits et les sauterelles. A son réveil, au printemps, elle se contente des racines de la rhubarbe des moines (rumex des Alpes) qui lui dérangeront les intestins. Indisposition qu'elle soignera en avalant de la terre argileuse.

Un autre site, plus imposant : celui du lac Sainte-Anne au pied du pic de la Font Sancte (3 385 m), sommet culminant du Queyras. Le GR® grimpe dans une moraine glaciaire avant d'arriver au bord du lac. Il faisait un peu frisquet ce matin-là et nous sommes vite redescendus sur la pelouse du plateau de l'Adoux pour un arrêt barres vitaminées.

Franchi le col Girardin, vous voici en Ubaye. Au col de Larche, le massif de l'Argentera-Mercantour se dévoile. Un petit air de Méditerranée flotte

dans l'air. Le col de Larche a vu passer au fil des siècles des soldats (les armées de François Ier y seraient passées avant de sortir victorieuses de la bataille de Marignan) et aussi des pèlerins, des Piémontais qui se louaient comme faucheurs, etc.

Au Pont Rouge, entrée dans le Parc national du Mercantour. Le GR® suit jusqu'au lac du Lauzanier la haute vallée de l'Ubayette, l'une des plus belles auges glaciaires du parc. La richesse de sa flore et des insectes lui ont valu d'être classée en réserve naturelle dès 1936. Mais sa richesse floristique a subi bien des dommages depuis. Le chardon bleu par exemple – maintenant espèce protégée – recouvrait une centaine d'hectares. Il n'en resterait qu'un millier de pieds sur 2 ha. Les causes : la dégradation du sol par les troupeaux de moutons venus des plaines provençales en grand nombre ; la grande fétuque, boudée par les ovins, qui a gagné du terrain ; l'abandon de la fauche et de l'irrigation dans une partie de la vallée.

Ci-dessus : **Les eaux turquoise d'un petit lac, situé entre le lac Sainte-Anne et le col Girardin.**

Page de gauche, en haut : **Des langues de neige éclairent les roches près de la cime de la Bonette (non loin du GR® 56).**

Page de gauche, en bas : **Séance vaisselle au refuge du Presset, dans le massif du Beaufortain évoqué page 13.**

Vue sur le mont Clapier (3 045 m), dans le haut pays des Alpes-Maritimes.

Le site du lac de Lauzanier est plein de charme, on marche comme sur une moquette sur la pelouse alentour, délicieuse sensation de sentir sa chaussure s'enfoncer souplement... Mais que de monde en pleine saison estivale. Le randonneur aura tôt fait de reprendre de l'altitude pour gagner

Dans le Parc national du Mercantour, où plusieurs sommets dépassent les 3 000 m d'altitude.

le Pas de la Cavale, d'où la vue récompense des efforts de la montée. Le minéral est ici roi, avec notamment l'étrange vallon de Salse Morène. Vous retrouverez la civilisation dans les villages qui jalonnent maintenant le parcours, commeSaint-Dalmas-le-Selvage, le plus septentrional des Alpes-Maritimes. La vie y était difficile autrefois et l'hiver certains habitants se faisaient montreurs de marmottes jusqu'à Lyon, Genève et Londres.

Toutes les composantes d'un paysage de montagne : escarpements, chaos rocheux, éboulis, lacs, ont été réunies pour vous conduire vers la Tinée et la Vésubie. A Saint-Dalmas-Valdeblore, cruel dilemme : continuer le GR® 5 jusqu'à Nice ou bien suivre le GR® 52 en passant par le val des Merveilles ? Avoir déjà parcouru autant de kilomètres pour passer à côté d'un tel site ! En chemin donc vers ce vaste monde minéral éclairé par le bleu profond des lacs qui se succèdent. C'est à la Baisse de Valmasque (2 549 m) que vous pénétrerez dans le val des Merveilles. Les oxydes de fer ont donné aux roches des couleurs étonnantes : orangé, violet, rose, vert, rouge. Les chiappes, grandes dalles rocheuses de grès ou de schiste, ont souvent servi d'écritoires aux hommes de l'âge de bronze. Des milliers de gravures ! Le GR® passe à proximité de deux des plus connues : le Chef de tribu et le Christ. Sur ce monde étrange gravé dans la pierre veille, à 2 872 m, le mont Bego, gardien du Dieu-Taureau et de la Déesse-Terre.

Le plongeon dans la Méditerranée attendra encore quelques heures.

En haut, à droite :
Du mont Chauve (853 m), la vue se déploie sur Nice.

Transparence des eaux dans les environs du lac de Lauzanier.

Le sentier des Douaniers

en Bretagne

« Je suis d'un pays où règne le maître-vent à ses heures. La mer et la terre lui sont également soumises, les hommes lui doivent la meilleure part de ce qu'ils sont. […] Mais le vent nous tient en joie et en souci. Il nous pousse dans le dos pour nous forcer à l'aventure quotidienne. […] Il secoue, il malmène, il bouscule, il

L'extraordinaire chaos de rochers de granit rose à Ploumanach.

nourrit notre carcasse de ses bourrades et notre esprit se tient en éveil, constamment agressif, aux aguets des coups durs et des revanches sur la vie. […] Du plus loin qu'il me souvienne, je l'entends qui mène son grand jeu par le pays. Il gronde, il siffle, il chuinte, il miaule, il sanglote, il s'étouffe de rire, il chante à travers les murs de galets et de pierres plates. »

Pierre Jakez Hélias, *Le Cheval d'orgueil*, Ed. Terre humaine/Plon, 1975.

La baie du Mont-Saint-Michel a revêtu son manteau d'hiver...

Vous allez emprunter un des itinéraires GR® les plus vivifiants : le GR® 34, appelé aussi sentier des douaniers, en référence à l'époque où les douaniers arpentaient le sentier, surveillant les débarquements illicites. Guérites, maisons de garde, tours de guet témoignent de leur présence ancienne. Ce GR®, c'est une série d'émotions au fil des paysages : rochers déchiquetés, falaises, caps, plages blondes, dunes, criques, vagues douces ou en colère, mer couleur turquoise, émeraude... ou grise si la pluie vous surprend, cela peut arriver !

Topo-guides® FFRandonnée / GR® 34

- Côte d'Emeraude, Vitré/Saint-Brieuc (387 km), réf. 345
Disponible également en e-topo®
- Côte de Granit rose, Saint-Brieuc/Morlaix (351 km), réf. 346
Disponible également en e-topo®
- Pays des Abers, Morlaix/Le Faou (338 km), réf. 347
- Les Monts d'Arrée et la presqu'île de Crozon, Le Faou/Douarnenez (123 km), réf. 380
- Côte de Cornouaille, Douarnenez/Lorient (363 km), réf. 348
- Le littoral et les îles du Morbihan, Lorient/La Roche-Bernard (348 km), réf. 561
Disponible également en e-topo®

Vous allez jouer à saute-mouton, descendre sur les plages et les criques, remonter sur les falaises, marcher sur des chemins sablonneux, avec toujours en toile de fond la mer et le ciel, ce ciel breton toujours changeant où les nuages créent des mondes imaginaires…

J'ai choisi de vous faire partager quelques-uns de mes coups de cœur.

Départ de la baie du Mont-Saint-Michel où la lumière subtile joue avec le sable, s'accroche à la laine des moutons de pré-salé dans les herbus… Image éternelle qui fit venir à elle

L'un des Rochers sculptés de Rothéneuf, nés de l'imagination de l'abbé Fouré.

A droite : **Regard vers le large, les embruns viennent caresser l'énigmatique tête...**

La mer est devenue argent devant les randonneurs émerveillés.

tant de « miquelots », les pèlerins marchant vers le mont.

Lumière... j'ai toujours en souvenir celle qui, un jour de septembre, baignait les remparts de Saint-Malo alors que nous descendions de l'îlot du Grand Bé. Une lumière comme seul le mois de septembre sait nous donner, avec l'été finissant et l'automne en pointillé...

J'ai beaucoup de tendresse pour la baie de la Fresnaye, sans doute parce que le jour où je l'ai découverte mon environnement amical était particulièrement chaleureux. A marée basse, les couleurs moirées envahissent la grève, avec en fond les parcs à bouchots ; sur les vasières, le petit monde des limicoles s'active, l'huîtrier pie arbore sa livrée blanc et noir, son long bec et ses fines pattes rouges.

Et voici le cap Fréhel : les hautes falaises surgies de la mer tantôt

bleue, tantôt verte, montent jusqu'à 70 m leur grès rose et rouge. Suivant leur orientation, elles se couvrent de silènes, œillets marins et gazons de serpolet. Vires, plates-formes, anfractuosités résonnent des voix criardes des goélands, mouettes tridactyles, etc. Le cormoran huppé (sa petite huppe est éphémère, il l'arbore juste pendant la nidification) se donne en spectacle,

En haut :
Nuit mystérieuse et scintillante, les korrigans ne sont pas loin...

Mytiliculture à Hillion, dans la baie de Saint-Brieuc.

déployant ses ailes comme une large cape après ses plongées dans les grands fonds.

Ajoncs et bruyères composent un tapis haut en couleur. Les différentes sortes de landes (humide, tourbeuse ou sèche) abritent une flore spécifique. Se côtoient ainsi grassette et drosera, linaigrette, digitale pourpre, rose pimprenelle, fougère aigle, orchidées et même des gentianes. Et aussi la plus belle des fougères de Bretagne : l'osmonde royale. Sur la côte orientale fleurissent jacinthes, narcisses… Comme les jumelles, flore conseillée ! Les fientes (le guano) des oiseaux sur les falaises ont permis à la cochléaire (ou herbe au scorbut) de se fixer. Le capitaine Cook en emportait une provision à bord à chacun de ses voyages.

Avant d'arriver à Paimpol, halte à l'abbaye de Beauport, fondée en 1202. Le Conservatoire du Littoral en est maintenant propriétaire et a entrepris sa restauration. Le charme du lieu opère, vous avancez à petits pas, parlez à voie basse : ici un vestige de la galerie du cloître envahi par le lierre, là des visages sculptés dans la pierre, plus loin des baies en ogive.

Un autre de mes coups de cœur : la Côte de Granit rose, entre Perros-Guirec et Trébeurden, là où un géant facétieux a jeté sur la grève des

En bas à droite :
Le rocher dit « Le Père Trebeurden » à la presqu'île du Castel, près de la plage de Tresmeur.

L'érosion s'est fait sculpteur dans le granit.

rochers aux formes fantastiques. Votre âme d'enfant revient au galop pour identifier l'épagneul breton, le caméléon, le lapin, etc.

Vous savourez le bonheur des pauses pour contempler la mer, même si le vent chamboule un peu votre chevelure et rosit vos joues. Respirez cet air iodé, fermez les yeux... Vous irez tout à l'heure retrouver vos joies d'hier lorsque vous partiez à la découverte des trous d'eau laissés par la marée. Une grande bouffée d'enfance et d'insouciance vous envahit. Les chaussures restent sur la plage et vous voici en train de patauger à la recherche des patelles, littorines, bernard-l'ermite... Des instants où le temps s'arrête.

Il faut repartir...

Partagerez-vous ensuite mon émotion devant la « lieue de grève » à Saint-Michel-en-Grève ? A marée basse, la baie, large de 4 km, se découvre sur près de 2 km. C'est ici qu'auraient accosté les sept saints fondateurs de la Bretagne. Témoin silencieux, la croix monolithe de « Milieue » projette sa haute silhouette sur le sable où l'eau creuse de minuscules sillons. Les pèlerins d'antan effectuant le Tro Breiz – tour de la Bretagne dont les grandes étapes correspondent aux sept évêchés bretons –

Un entassement de rochers digne des Cyclopes bâtisseurs.

La pointe Annalouesten, dans la baie de Morlaix.

redoutaient l'endroit : des bandits rançonnaient la traversée et la montée des flots faisait peur. Vous êtes ici au pays des korrigans, poulpiquets et autres lutins. Les légendes fleurissent dans l'imaginaire breton. L'une raconte que sous la lieue de grève est ensevelie une cité endormie, Laxobie. Rares sont ceux qui ont pu la voir lorsqu'elle remonte

sur l'eau, une fois par an, le jour de Noël...

Rendez-vous maintenant à Brignogan, avec ses amoncellements de rochers. Là aussi un géant facétieux

Sentinelle de granit à la pointe de Primel.

s'est amusé à jeter d'énormes rochers sur la grève. Des petites criques avec un sable blanc s'offrent à vous entre les énormes blocs. Si vous êtes ici par un beau jour d'été, pourquoi pas un arrêt baignade et une nuit sur la plage, avec le bruit des vagues comme musique de fond ?

Vous aurez repris des forces pour grimper les 397 marches du phare de l'île Vierge, le plus haut de France

Vestiges de l'allée couverte de Guinirvit, dans la baie de Kernic.

Ancien four pour brûler le goémon.

Les goémoniers

A plusieurs endroits de la côte et notamment dans le Léon, des fosses creusées sur le littoral, au plus près de la mer, intrigueront le randonneur. Dallées au fond, garnies de pierres plates sur les côtés, assemblées avec des joints d'argile, elles servaient autrefois à brûler les algues. Ce sont des fours à goémon. Utilisé vert ou séché, le goémon fertilisait les terres. Les cultures maraîchères du Léon lui doivent leur prospérité. Une fois séché sur la dune, les goémoniers le brûlaient dans les fours, un travail qui commençait le lendemain de la Saint-Jean. A la fin de la journée, la combustion avait produit une sorte de bouillie visqueuse qui, refroidie, donnait des pains de soude, traités ensuite en usine pour fournir de l'iode.
De nombreuses usines fonctionnaient sur le littoral breton lorsque survint en 1930 la concurrence de l'iode chilien. Le déclin s'amorça. Mais on est opiniâtre (pas têtu !) en Bretagne et on a su repartir en s'adaptant aux nouvelles destinations des algues : agro-alimentaire, cosmétique, industrie du papier, etc. Lanidult, sur l'aber Idult, est le premier port européen de débarquement des algues ; plusieurs entreprises assurent la transformation. La récolte s'est mécanisée.
Les bateaux sont équipés d'un bras hydraulique sur lequel est fixé un crochet rotatif : le « scoubidou ».
Le ramassage traditionnel se pratique toujours. C'est l'assurance d'avoir de beaux légumes dans le jardin ou dans le champ. Le tracteur a remplacé la charrette et le cheval pour l'acheminer sur place.
Le goémon se présente sous trois formes :
- le goémon d'épave, déposé par la mer sur les grèves, surtout après les fortes tempêtes, ramassé avec le râteau de grève ;
- le goémon de rive, récolté sur les rochers à marée basse, coupé à la faucille ;
- le goémon de fond, récolté en bateau.
Le nom de « pigouiller » désignait le goémonier qui partait dans les îles de la mer d'Iroise chercher d'autres fonds riches en algues.

(82,5 m). De là-haut, le regard se perd dans une mer bleue et turquoise parsemée d'une multitude d'îles et d'îlots, de pointes, de récifs, de dunes. Bretagne de toujours. Prosper Mérimée écrivait vrai : *« Ce coin de terre semble exceptionnel. »*

Nous voilà maintenant en plein pays d'Iroise, où se rencontrent la Manche et l'océan Atlantique.

Après la traversée des abers, le GR® descend vers Le Conquet. J'ai eu le bonheur d'assister, le long de l'anse des Blancs Sablons, à un ballet de dauphins, sautant, plongeant, re-sautant, re-plongeant. Un marin m'a dit depuis que des bancs de harengs devaient se trouver à proximité. Leur fringale nous a valu un spectacle étourdissant.

A la pointe de Saint-Mathieu – patron des douaniers –, spectacle grandiose. Du haut du phare (163 marches) le panorama époustoufle. Après en être descendu, quelques pas dans les ruines du monastère bénédictin fondé au VIe siècle. Etrange ambiance…

Mes élans vous emmènent maintenant à la pointe de Penhir, la plus belle, pour moi, des pointes de la presqu'île de Crozon, qui s'avance dans la mer telle une grande patte d'oie entre la rade de Brest et la baie de Douarnenez. Les falaises de 70 m, colorées du noir et du jaune des lichens, plongent dans la mer, prolongées par trois rochers isolés, les Tas de Pois. Assis sur un bout de rocher, vous contemplez, votre regard se perd vers le large : les vagues se lancent à l'assaut des rochers et comme ils demeurent insensibles, elles recommencent et recommencent, furieuses, démontées, crachant l'écume, mais en vain…

Pressons le pas pour rejoindre Douarnenez et la réserve du cap Sizun avant d'atteindre la pointe du Van et la pointe du Raz en longeant

la baie des Trépassés. J'ai un petit faible pour la pointe du Van, peut-être parce qu'elle se fait plus discrète et que c'est de là que s'offre le plus beau panorama sur la pointe du Raz ?

Dans la presqu'île de Crozon, la pointe de Penhir et les rochers isolés appelés « Tas de Pois », habitats de nombreux oiseaux.

La croix veille sur la chapelle Saint-Samson.

La pointe du Toulinguet, sur la presqu'île de Crozon.

A droite :
Curieuses formes de rochers près du Guilvinec.

Ambiance maximum par gros temps lorsque les vagues se fracassent avec fureur contre les rochers. Enfoncez bien votre bonnet ! Ce gros temps ne fait pas l'affaire des bateaux et des marins. Le courant dans le Raz de Sein est un des plus forts du globe : jusqu'à 8 nœuds. Autrefois, les marins qui passaient le raz disaient : *« Secourez-moi, Grand Dieu, mon vaisseau est si petit et la mer si grande. »*

Devant le sémaphore, la borne « km 0 » marque le départ du sentier européen E5, direction Venise. Encore 2 719 km et le palais des Doges sera en vue !

Entre-temps, la baie d'Audierne et le Pays Bigouden vous attendent. C'est à Penhors que Pierre Jakez Hélias reçut son « baptême de la mer ». Epreuve réussie : *« Je suis plus content que d'avoir été reçu aux bourses le mois d'avant ! »*

Si vous êtes saoul d'embruns et de vent, pénétrez-vous un peu de la vie des gens d'ici dans les ports de pêche qui s'égrènent après la pointe de Penmarch : Le Guilvinec, Lesconil, Loctudy et, un peu plus loin, Concarneau. Soyez ici à partir de 17 heures, au moment de la criée, après le retour des bateaux. Animation garantie. Vos papilles se réjouissent du menu du soir : poissons et crustacés !

La réserve du cap Sizun

Cormorans huppés. (Photo André Mauxion)

Les falaises de Goulien sont, avec celles du cap Fréhel, les seules à héberger une telle diversité d'oiseaux marins sur le littoral continental français. Les falaises escarpées favorisent la survie des colonies. Chaque espèce y a trouvé un espace à sa convenance. Pas question que les prédateurs à quatre pattes s'y risquent. Seuls quelques goélands, corbeaux et corneilles y font des incursions. Les hôtes des falaises : mouettes tridactyles, fulmars, guillemots, goélands et cormorans.
Le pingouin torda et le macareux moine ont hélas disparu à cause des dégazages et de l'emploi des filets de pêche dans lesquels ils meurent noyés lorsqu'ils pêchent, parfois à de grandes profondeurs ; jusqu'à 80 m pour le guillemot !
Sur les îlots : cormorans huppés, goélands marins, bruns et argentés, fulmars et guillemots. Pas de cadeau entre goélands : le goéland marin n'hésite pas à s'attaquer aux œufs et aux poussins du goéland argenté ou des tridactyles.

Un hôte particulier : le crave à bec rouge

Une espèce qui tend à revenir. Sa disparition progressive des côtes bretonnes trouve son explication dans la transformation des pratiques agricoles. Le crave se nourrit d'insectes dans les pâtures rases, son bec allongé lui permettant de plonger facilement dans le sol. Peu à peu les landes n'ont plus été fauchées, donc plus pâturées. Le crave s'en est allé vers d'autres espaces. Les gestionnaires de la réserve souhaitent rendre au cap Sizun son aspect de naguère et conserver une biodiversité maximale. La fauche des landes et la réinstallation de moutons depuis vingt ans ont favorisé le retour progressif du crave rouge sur la réserve. Un couple s'y reproduit à nouveau, chaque année depuis 1999, après vingt-cinq ans d'absence ! Un second couple est également cantonné sur la réserve.

La végétation

Soumise au vent et aux embruns, la végétation s'amenuise en hauteur au fur et à mesure que l'on approche du littoral. Pelouses, landes et falaises accueillent une grande variété de fleurs. L'armérie, appelée aussi œillet de mer ou gazon d'Olympe, tapisse les pelouses d'un rose délicat. Une campanule, la jasione, apprécie les sols granitiques du cap. Une petite épervière, la piloselle, voisine avec l'orchis bouffon, la jacinthe bleue, etc.
Certaines plantes se sont adaptées à leur environnement : les feuilles de la perce-pierre par exemple, qui pousse sur falaises et rochers, sont charnues comme celles des plantes grasses, résistant ainsi à l'action desséchante du sel.
Ce n'est là qu'un bref aperçu des richesses naturelles de la réserve, à laquelle s'ajoute la découverte au large, si vous êtes au bon moment et au bon endroit, de grands dauphins ou de phoques gris. Venant probablement de l'archipel d'Ouessant-Molène (de Sein pour les dauphins), ils s'offrent un petit voyage de pêche dans les criques de la réserve. Au printemps les dauphins communs et de Risso ne sont pas rares non plus. Des animateurs nature font partager sur place leur passion d'avril à août (voir adresses utiles).
Sources : Revue *Penn ar Bed*, « La réserve du Cap Sizun », édition Bretagne Vivante – SEPNB (Société pour l'étude et la protection de la nature en Bretagne).

Ci-dessus :
Le dolmen des Roches plates à Locmariaquer.

Page de droite :
en haut, à gauche :
Jeu d'ombre et de lumière sur un moulin à Erdeven.

en haut, à droite :
Fort Bloqué – ou fort de Keragan – édifié au XVIIIe siècle.

en bas :
Dans les marais salants de Guérande.

Vous entrez après la pointe de Trévignon dans le pays des « pierres debout ». Les carrières de granit étaient nombreuses autour de Névez. Dans l'anse de Kerrochet, entre Port-Manec'h et Kerdruc, plus de cent tailleurs de pierre étaient autrefois occupés à tailler, en pierres de taille ou en pierres debout, d'énormes blocs dont la taille pouvait atteindre 2,70 m de hauteur pour 0,40 m de large. Le hameau de Kerascoët a conservé toutes ses chaumières en pierres debout. On l'atteint par un petit détour en empruntant un PR avant Raguénez. Vous tomberez à coup sûr sous le charme.

Nous voilà à Lorient. Poussez avec moi la porte du musée de la Compagnie des Indes installé dans la citadelle de Port-Louis. Posez un instant votre sac et embarquez vers Mahé, Pondichéry et autres terres lointaines, pour un voyage aux senteurs d'épices.

Retour à terre pour gagner l'île de Saint-Cado, ancien port sardinier, niché au bord de la rivière d'Etel. Les lieux baignent dans une douce quiétude : ria, maisons de pêcheurs, fontaine au bord de l'eau, chapelle. Rien ne manque au décor.

Après le calme de Saint-Cado, la Côte sauvage à Quiberon : vos poumons vont se gonfler d'un air marin particulièrement tonique. Les vagues y sont toujours somptueuses ; elles se jettent avec force et fougue sur les rochers, grondent dans les anfractuosités des falaises, se brisent avec fracas sur les parois, étalent sur les plages blondes leurs franges d'écume comme de longues écharpes blanches...

Vous finirez votre périple breton dans la douceur, celle du golfe du Morbihan qui emprisonne tout un semis d'îles et d'îlots. La légende qui les entoure vaut d'être contée : lorsque les fées de l'antique forêt de Brocéliande furent chassées, leur chagrin fut tel que leurs larmes comblèrent le golfe. Elles y jetèrent leurs couronnes de fleurs, donnant naissance à trois cent soixante-cinq îles, dont trois formèrent les îles de Houat, Hœdic et Belle-Ile.

Arrivé à Le Tour du Parc vous emprunterez un itinéraire de liaison permettant de retrouver le littoral au-delà de la presqu'île de Rhuys puis de rejoindre l'estuaire de la Vilaine et la charmante cité de La Roche-Bernard, à moins que vous ne préfériez, après avoir franchi le barrage d'Arzal, suivre le GR® de Pays « Tour entre Brière et Vilaine » pour gagner Guérande et ses marais salants et Saint-Nazaire par la côte.

Cluses, crêtes et combes

du Massif du Jura

« Le relief est cependant fort original : de hautes chaînes parallèles – chapelets de "monts", parfois dentelés de crêts qui cernent quelque combe herbue –, séparées par des vaux souvent profonds, communiquant entre eux par des cluses encaissées et étroites, défilés typiques du paysage jurassien, points de passage

Que d'eau, que d'eau, à la bouillonnante source du Doubs.

obligatoires et bien défendus. Sciant par le travers les grands plis anticlinaux, les cluses en révèlent la structure, belle "leçon de choses" où, dans les ondulations des couches du calcaire, se lit l'ampleur du plissement. [...] Des lignes adoucies, de mous vallonnements... et partout de la verdure, tel est le paysage du haut Jura : ici le vert sombre des résineux qui se serrent sur les versants, là le vert clair des herbages qui trouent le manteau forestier, lui donnant une allure de parc – on l'a baptisé "pré bois". Le vert tendre des prairies tapisse le creux des vallées... »

Jean-Jacques Leblond,
Au pays du Haut-Jura, Collection Découvrir, Beautés de la France,
© Société des Périodiques Larousse, 1981.

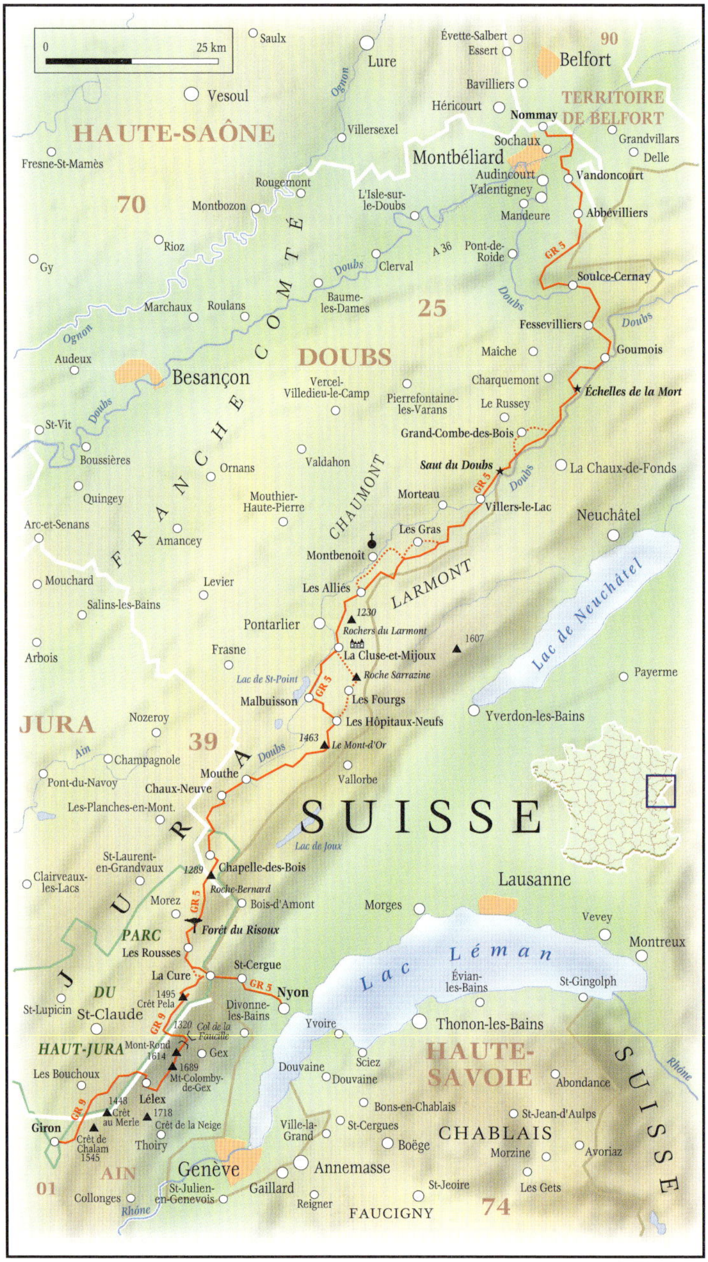

Topo-guides® FFRandonnée / GTJ GR® 5 GR® 9

- La Grande Traversée du Jura... à pied, réf. 512

La carte ci-dessus représente l'itinéraire jusqu'à Giron. En fait, la Grande Traversée du Jura continue plus au sud jusqu'à Culoz (gare SNCF).

Le mot « Jura » a son origine dans la racine gauloise *juris*, c'est-à-dire des hauteurs très boisées. Vous allez le vérifier sur le terrain !

Calcaires et marnes dominent dans le relief du Jura. L'érosion glaciaire s'en est donné à cœur joie pour former plissements, cluses, combes, crêts, grottes, gorges, falaises, reculées, ces

vallées fermées par un cirque rocheux au pied duquel s'échappe une source.

Un paysage typique de la moyenne montagne jurassienne : le pré-bois (pâturage boisé) né de quatre siècles de pratiques pastorales. Bergers et forestiers ont composé là un paysage ouvert où se plaît le randonneur. Je me rappelle le cheminement du GR® depuis la corniche du mont d'Or (à 1 463 m, vaste panorama sur la vallée de Joux, les lacs suisses et les Alpes). La lumière automnale était particulièrement belle ce jour-là, le casse-croûte au chalet d'alpage sympathique, bref un de ces moments où la randonnée vous emplit le cœur de bonheur.

Goumois, un site prisé par les randonneurs, les canoéistes et les pêcheurs.

Petit matin dans
la vallée du Doubs.

Un curieux métier : sanglier

On désigne ainsi celui qui, dans la forêt jurassienne, prélève l'écorce d'épicéa, ou sangle, celle qui entoure le mont-d'or, le fromage du haut Doubs, appelé autrefois « fromage de boette » (fromage de boîte). Après avoir enlevé le « noir », sorte d'écaille qui recouvre l'écorce, le sanglier prend les mesures de la sangle et lève l'écorce à l'aide d'un outil spécial. Les sangles sont ensuite enroulées – de façon souple, car gare aux moisissures – et mises à sécher. Un mois de séchage au minimum si le temps est sec. La boîte assemblée, la pâte crémeuse s'imprégnera du parfum de l'épicéa. Le mont-d'or ne peut être fabriqué que dans le haut Doubs et à partir de lait frais provenant de vaches de race montbéliarde.

La forêt est l'un des éléments forts des paysages du Jura. Les combes sont recouvertes d'un épais manteau forestier. A 500-600 m, chênes et hêtres ; à 800-900 m, sapins et hêtres ; et plus haut, à 1 200 m, les épicéas ou pesses. Leur bois d'altitude au grain fin et serré est utilisé en lutherie et boissellerie et pour les tavaillons, petites planchettes d'épicéa fendu qui protègent les façades (ou bataillées) des maisons exposées à la pluie. Sélection du bois, abattage, débitage et pose nécessitent

Le grand tétras se rencontre
entre 1 000 et 1 500 m
dans le massif du Jura.
(Photo André Mauxion)

un grand savoir-faire du tavaillonneur. Le Parc naturel régional du Haut-Jura a attribué sa marque aux tavaillons provenant d'épicéas ayant poussé sur le territoire du parc.

Le sapin était utilisé autrefois pour la fabrication de la caisse de la fameuse horloge mécanique créée au XIVe siècle par les Jurassiens sous le nom d'horloge comtoise, du nom de Franche-Comté.

Quelques hôtes particuliers de la forêt : le chat sauvage, le lynx d'Europe, réintroduit en 1974 dans le Jura suisse, après avoir disparu du haut Jura en 1885. Aussi la chouette chevêchette, qui étonne par sa petite taille : 16 cm de hauteur, 35 cm d'envergure ! Sans oublier l'emblème de la montagne jurassienne : le grand tétras ou coq de bruyère. Ce gallinacé, le plus gros d'Europe, apprécie les zones de pré-bois où voisinent conifères, feuillus et arbrisseaux à baies, comme les myrtilles ou les framboises dont il est friand. Mais il aime aussi bourgeons de hêtres, araignées et petits insectes. L'hiver, à son menu, des aiguilles de pin. Pour bien les digérer, il avale des graviers, comme font beaucoup de gallinacés. Espèce protégée, il ne devrait plus avoir à craindre les chasseurs, mais le petit monde de la forêt (martre, renard, aigle royal) est aux aguets. Restez bien sur le chemin balisé, vous participerez ainsi à sa sauvegarde.

Entrons maintenant dans le domaine de l'eau. A partir de Goumois, le GR® 5 suit le Doubs jusqu'à Villers-le-Lac le long de gorges impressionnantes. Deux sites célèbres sur le parcours : les Echelles de la Mort d'abord. Rassurez-vous, elles n'en portent que le nom ! Les randonneurs sujets au vertige les éviteront en utilisant une variante. Les autres emprunteront trois échelles métalliques équipées de mains courantes. (Attention par temps de pluie, barreaux glissants.) Récompense au belvédère, en surplomb de hautes falaises calcaires. Autrefois, le passage, moins bien équipé, était emprunté par les contrebandiers. Il s'agissait le plus souvent de petite contrebande, la « bricote » : alcool, tabac, sel (la Franche-Comté avait des salines), et quelquefois... du bétail !

Les impressionnantes Echelles de la Mort.

Autre site : le Saut du Doubs. A découvrir hors année de canicule ! Les bonnes années – à l'automne après les pluies – le Doubs franchit avec fracas, dans une somptueuse vapeur d'écume, les 27 m de l'escarpement qui freine son cours. Histoire d'amuser le monde,

Le Doubs se met en colère...

Le jour se lève
au crêt de Chalam.

Douceur et harmonie
des paysages de la montagne
jurassienne.

il se perd plus loin un moment dans le lac de Saint-Point, troisième lac naturel de France de par sa superficie.

Une ville y serait engloutie, tendez bien l'oreille si vous vous trouvez là à la Toussaint : les cloches de l'église sonnent...

Vous retrouverez encore le Doubs à sa source : à 937 m d'altitude, il surgit d'une falaise dans la forêt du Noirmont, dans le val de Mouthe. L'endroit de France où il fait le plus froid, la « petite Sibérie » dit-on.

Le climat est rude dans le haut Jura. C'est pourquoi les fermes traditionnelles ont été construites pour protéger les hommes et les bêtes des rigueurs hivernales. Murs épais, petites ouvertures, toit descendant très bas. Lorsque le temps

devient un tantinet frisquet, le randonneur se dit qu'il ferait bon y entrer pour boire un bon chocolat chaud, accueilli dans le « poêle », la pièce chaude de la maison, où la comtoise égrène son tic-tac... L'hiver, dans ces grandes bâtisses, les montagnons travaillaient le bois et l'horlogerie.

Le Jura, c'est une ambiance, comme celle dans laquelle baignait un soir, avant d'arriver à la Chapelle-des-Bois, la combe des Cives dominée par le mont Risoux. Les prés où paissaient les vaches avaient la douceur du velours, la forêt partait escalader la combe... Un décor de poyas suisses – elles sont nées tout près d'ici dans le district de Gruyère –, fresques de style naïf peintes sur du bois que les paysans fixent au-dessus de la porte de leurs étables. Un état civil imagé de leurs bêtes !

Après Les Rousses, le randonneur quitte le GR® 5 pour suivre le GR® 9 jusqu'à Saint-Germain-de-Joux. Il traverse la forêt du Massacre, l'une des plus élevées – et des plus enneigées – du Jura français, composée essentiellement d'épicéas. C'est en hiver un magnifique stade pour le ski de fond, jusqu'à début mai souvent. Il est conseillé aux randonneurs empruntant le GR® 9 en juin de suivre la route forestière pour traverser le massif. Les belvédères se succèdent : le crêt Pela (1 495 m), le mont Rond (1 596 m), le Colomby de Gex (1 689 m), le crêt de Chalam (1 545 m). Lac Léman, monts Jura, chaîne des Alpes, etc., s'offrent à vous. Savourez l'instant, les panoramas et le morceau de fromage que vous aurez tiré du sac. Bleu de Gex, morbier, comté ? Vous n'avez eu que l'embarras du choix depuis votre départ.

L'aube naissante dans les combes du Bois d'Amont.

Dans les pas de Stevenson

du Velay aux Cévennes

« La nuit sous un toit est un temps mort et monotone, mais, à ciel ouvert, elle passe légère, avec ses étoiles, sa rosée et ses effluves de parfum, et les heures sont marquées par des changements sur le visage de la nature. Ce qui paraît être une sorte de mort temporelle à ceux qui étouffent entre des murs et des rideaux,

Gros plan sur la parure d'un arbre près du village du Bouchet-Saint-Nicolas.

n'est qu'un sommeil léger et animé pour qui dort à la belle étoile. Il peut toute la nuit entendre la nature respirer librement et profondément ; en même temps qu'elle repose, elle se retourne et sourit.
Il y a aussi une heure émouvante inconnue de ceux qui habitent sous un toit, quand s'éveille un influx qui parcourt l'hémisphère endormi et quand tout le monde au dehors est debout. C'est alors que le coq chante le premier, non pour annoncer l'aurore, mais comme un guetteur réjoui qui hâte le cours de la nuit. »

Robert Louis Stevenson,
Journal de route en Cévennes, Ed. Privat/Club Cévenol, 2002.

Le château du Monastier-sur-Gazeille abrite un musée présentant la vie rurale d'autrefois dans le Velay.

Plaque commémorative au Monastier. Stevenson y séjourna environ un mois pour y préparer son « projet d'excursion » vers les Cévennes.

Vous êtes un randonneur puriste ? Alors, vous choisirez de partir, comme Stevenson, du Monastier-sur-Gazeille.

Et si vous êtes encore plus puriste, vous louerez un âne ou une ânesse pour porter vos bagages, si vous ne craignez pas d'avoir les mêmes difficultés que Stevenson ! La cohabitation ne fut pas en effet de tout repos avec Modestine.

Robert Louis Stevenson avait du vague à l'âme, la femme qu'il aimait et ne pouvait épouser venait de partir pour l'Amérique du Nord. Un voyage à pied pouvait-il adoucir sa peine ?

Topo-guide FFRP / GR® 70

- Le chemin de Stevenson Le Puy/ Le Monastier/Saint-Jean-de-Gard/Alès (252 km), réf. 700.

Ci-dessous :

Paysage autour d'Ussel, là où la fierté de Stevenson fut mise à rude épreuve : « La selle et tout le reste, tout mon barda, se retournent et s'affalent dans la poussière sous le ventre de l'ânesse ».

Métier à ferrer au Bleymard, témoin conservé des usages d'autrefois.

En haut, à droite : **En chemin, la rencontre avec une croix est toujours émouvante.**

Stevenson quitta le Monastier le 22 septembre 1878. Il avait hâte d'arriver au pays des Camisards, dont le courageux combat pour défendre leur foi lui rappelait celui des « Covenanters » écossais. Ne hâtez pas trop le pas et prenez le temps de savourer montées et descentes entre vallées et plateaux du Velay et du Gévaudan. L'écrivain s'accorda quand même trois jours de repos à la trappe de Notre-Dame-des-Neiges. (Accueil toujours possible à l'hôtellerie en fonction des places disponibles. La communauté produit un bon vin de table !) Après le Bleymard, il bivouaqua une nuit sous les pins, dispersant le lendemain matin sur le gazon quelques pièces de monnaie en remerciement de la *« généreuse réception »*.

Bonheur de l'immersion dans la nature, bien au chaud dans le sac de couchage, les premiers rayons du soleil vous caressent le visage...

Témoignage

Louer un âne pour porter les bagages, les enfants marchent plus facilement et quittent toujours l'animal avec regret à la fin de la rando.

Eric a suivi le GR® 70 au cours de l'été 2003.

« Nous allions pester et râler plus d' une fois contre l' Ecossais et ses fantaisies d' alterner petites et grandes étapes, surtout dans la chaleur suffocante de cet été mémorable. Mais la magie de la marche s' installait en moi. J' étais suspendu au temps, allant pour une fois au même rythme que lui et oublié du reste du monde. La descente du lac du Bouchet (hors GR®) vers le village du Bouchet Saint-Nicolas me donna une superbe impression de l' une des campagnes de France. Les champs s' étirant paresseusement sous la brûlure du mois d' août. La douce lumière ondulait sur des collines pareilles aux houles océanes dont les crêtes brunes étaient semblables à l' écume. Le clocher au loin, les collines, les herbes folles des talus, les vaches aux champs... N' était-ce pas là toute l' essence de la France que j' aime ?[...]
Pradelles nous fit le plaisir d' être une petite étape toute de fraîcheur avant l' interminable descente vers Langogne. [...]
Nous croisâmes à la sortie de la ville un petit vieux en plein soleil avec son cardigan en laine. A 4 heures de l' après-midi par au moins 35 °C à l' ombre ! D' où venait-il ? Mystère, il me semblait surgir du passé même de cette ville, portant la rudesse du pays sur ses rides. [...]
Ce qui me reste surtout, c' est le pays camisard. Extraordinaire rencontre avec les protestants de ces villages. Quatre siècles en arrière d' un seul saut de collines. Incroyable... »

Au mont Finiels, des cairns permettent à des randonneurs de ne pas s'égarer par temps couvert.

Debout ! Dans l'air frais du matin vous apercevrez bientôt *« un autre pays formé d'un chaos de collines bleues, çà et là hérissées de forêts, ailleurs dénudées sur le ciel »*, pour finir par atteindre le sommet de Finiels, 1 699 m, le plus haut de Lozère.

Je fus submergée, comme Stevenson, par une grande bouffée de joie devant ce paysage tout en douceur, composé à l'infini de serres (collines) nimbées d'un bleu légèrement brumeux.

En haut, à gauche :
Mont Lozère : bornes de granit gravées d'une croix de Malte, emblème des chevaliers de l'ordre de Saint-Jean-de-Jérusalem. Propriétaires de forêts, ils avaient établi leur commanderie au village de L'Hôpital.

Les légendes lozériennes racontent que Gargantua aurait déposé ces blocs dans le paysage.

Randonneurs sur le mont Lozère.

Page de droite : **Affleurements granitiques sur le mont Lozère.**

Sur les crêtes du mont Lozère, les pelouses sont entretenues par le pastoralisme. Ici se rejoignent plusieurs drailles – chemins de transhumance – qu'empruntaient les troupeaux venant du Languedoc pour trouver fraîcheur et herbe. Les troupeaux de moutons – moins nombreux qu'autrefois – montent aujourd'hui le plus souvent en camion, mais certains font encore le trajet à pied. Les bergers apprécieront un brin de causette, ils ont toujours une histoire à raconter.

Un peu en dessous des pelouses, les fleurs des genêts jettent de l'or sur la lande parmi les énormes blocs de granit façonnés par la neige, la pluie et le vent ; ici se rencontrent les masses d'air atlantiques et méditerranéennes.

La fonte de la neige alimente les ruisseaux vers les vallées. Dans les replats, des tourbières, où fleurissent populage des marais, linaigrette et droséra.

Un paysage plein de grandeur, mais vite hostile lorsque le mauvais temps s'empare du massif. Les montjoies, hautes pierres de granite qui jalonnent le chemin, ont aidé bien des randonneurs. Lorsque le brouillard enveloppe les croupes du mont Lozère, mieux vaut être vigilant.

La descente sur la vallée du Tarn fut comme un rêve pour Stevenson qui se trouvait enfin en pays protestant. C'est en effet au Pont-de-Montvert, où fut assassiné l'abbé du Chayla le 24 juillet 1702, que prit naissance la guerre des camisards. Logeant, il y a plusieurs années, à l'auberge où était descendu Stevenson, j'ai essayé d'imaginer la « bruyante table d'hôte » de l'époque (notre table ne fut pas en reste pour les bavardages !) et aussi

Clarisse dont la beauté du visage émut tant l'écrivain, plus que sa silhouette d'ailleurs : *« Il lui aurait fallu un corset, mais cela s'améliorera peut-être avec l'âge ! »*

Stevenson suivit ensuite la vallée du Tarn. Deuxième nuit à la belle étoile, sous les châtaigniers avec chants des rainettes, moustiques, grosses fourmis, et bruissements mystérieux… Il apprit plus tard que les châtaigneraies étaient infestées de rats ! Il s'offrit une toilette matinale dans le Tarn. Quel randonneur

En bas, à gauche : **Pont sur le Tarn au Pont-de-Montvert.**

Le châtaignier, dit-on, accompagne le Cévenol tout au long de sa vie : berceaux, charpentes, meubles, ruches et… cercueils. Il menaçait de disparaître mais les différents acteurs concernés se mobilisent pour lui redonner sa place dans le paysage cévenol.

A Saint-Julien-d'Arpaon, les ruines du château surplombent la vallée de la Mimente.

n'a pas goûté à la joie de s'ébrouer dans une eau vive, même si c'est frisquet au départ ?

Après Florac, la rivière Mimente sert de fil conducteur au GR®. Stevenson passa au bord de la rivière une nouvelle nuit en plein air, couché sous un chêne. Il avait pris goût au bivouac.

La descente entre Fontmort et Saint-Germain-de-Calberte emprunte l'un des chemins royaux ouverts dans les années 1688 par l'intendant de Basville, qui ne remplacèrent pas la connaissance qu'avaient les protestants cévenols de leur réseau de chemins reliant villages et grottes qui abritaient vivres et blessés. Pistes d'animaux, anciennes drailles, chemins muletiers servaient à leurs déplacements.

Si vous avez bien organisé votre étape, vous n'arriverez pas à Saint-Germain-de-Calberte, comme Stevenson, en pleine obscurité, à l'heure où la propriétaire de l'auberge couchait ses poussins. Comme lui, le lendemain, réveillé par *« la grande fanfare des coqs et le caquètement des poules satisfaites »*, vous découvrirez une particularité paysagère cévenole : les pentes de la montagne sont aménagées en terrasses (appelées aussi « traversiers », « bancels » ou « faïsses ») soutenues par des murets de pierre. On y cultivait céréales, légumes secs, vigne, châtaigniers, mûriers. Aujourd'hui elles servent de potagers ou de pâtures pour ovins et caprins.

La fin du voyage approche. Goûtez encore aux charmes du parcours le long du Gardon, arrêtez-vous comme Stevenson pour une pause casse-croûte au col de Saint-Pierre.

Si vous êtes accompagné par un âne, verserez-vous, comme notre Ecossais, une petite larme au moment de vous en séparer à Saint-Jean-de-Gard ?

Ames sensibles, une bonne nouvelle, Stevenson finira par épouser sa chère Fanny...

A gauche :
Curieuse architecture pour cette cheminée.

Le jour va poindre à Barre-des-Cévennes. Stevenson fut émerveillé par le « labyrinthe de collines bleues ».

De la Côte d'Opale

à la baie de Somme

« […] Le soleil peut se coucher tranquillement sur la baie de Somme, désert humide et plat où la mer, en se retirant, a laissé des lacs oblongs, des flaques rondes, des canaux vermeils où baignent les rayons horizontaux… La dune est mauve, avec une rare chevelure d'herbe bleuâtre, des oasis de liserons délicats

Le bas de la falaise compose un étrange tableau.

dont le vent déchire, dès leur éclosion, la jupe-parapluie veinée de rose…
Les chardons de sable, en tôle azurée, se mêlent à l'arrête-bœuf fleuri de carmin, l'arrête-bœuf, qui pique d'une épine si courte qu'on ne se méfie pas de lui. […]
La baie de Somme, humide encore, mire sombrement un ciel égyptien, framboise et turquoise et cendre verte… »

Les Vrilles de la vigne, de Colette, © Librairie Artheme Fayard 2004.

L'astre va bientôt disparaître, nimbant le platier d'Oye d'une lumière rose violacé. La réserve naturelle du platier d'Oye, située à l'extrême nord de la Côte d'Opale, accueille 65 oiseaux nicheurs et 253 espèces d'oiseaux de passage ou hivernants. L'eau douce et l'eau salée ont créé ici un milieu tout à fait exceptionnel.

Falaises, immenses plages de sable fin ou de galets, ports grouillants de vie, dunes blondes ébouriffées d'oyats, mer couleur d'opale, des oiseaux et encore des oiseaux... Vous aimez ? Alors ce sentier européen, le GR® E9 (et aussi GR® 120 en France) est fait pour vous.

Il part d'Ostende, mais je vous invite à le prendre à Grand-Fort-Philippe après avoir longé le chenal depuis Gravelines. Ambiance maritime au moment de la criée ; deux saurisseries fument à la sciure de hêtre harengs et saumons, évoquant les pêches lointaines...

Le GR® vous conduit tout de suite au platier (terrain plat) d'Oye. Première zone d'alimentation entre Dunkerque et Calais pour les oiseaux migrateurs en vol depuis l'Europe du Nord, la gent ailée s'y presse. Jumelles recommandées.

Détail du beffroi (75 m de haut) de l'hôtel de ville de Calais, de style Renaissance flamande. Le beffroi, emblème de la région Nord-Pas-de-Calais, entre dans la composition de son logo.

Le GR® ne pénètre pas dans Calais. Il franchit les bassins, traverse le cordon dunaire et atteint Sangatte par la digue.

Un rappel de prudence : le GR® va suivre le bord de la falaise : ne pas s'approcher du bord, risque d'éboulements, toujours possibles. Renseignez-vous aussi sur les heures des marées, le GR® comportant quelques passages sur les plages.

Topo-guides® FFRandonnée/PR (GR® E9 GR® 120 Sentier du Littoral)

- Le Parc naturel régional des Caps et Marais d'Opale... à pied®, réf. PN 10
- Le Pays Montreuillois... à pied®, réf. P628

Ces deux topo-guides décrivent plusieurs circuits PR reprenant partiellement le tracé du GR® 120/Sentier du Littoral ou Sentier Européen E9. L'itinéraire figurant sur la carte est balisé dans sa totalité et peut donc être suivi par le randonneur jusqu'à la limite départementale entre le Pas-de-Calais et la Somme.

Pour le randonneur désirant découvrir la baie de Somme :

Topo-guide® FFRandonnée/PR

- La Côte picarde... à pied®, réf. P804

Détail géologique au cap Gris-Nez.

L'air du large vous arrive par grandes bouffées sur le chemin, le silence vous enveloppe, seulement troublé de temps à autre par le cri d'un goéland. Jonathan est-il de retour ?

Et voilà le cap Blanc-Nez : une falaise de calcaire de plus de 130 m au-dessus du niveau de la mer, envahie à partir d'avril par des couples de goélands qui nichent sur les corniches. Rencontre de la mer, du ciel et de la terre. Le regard se perd vers l'horizon d'où émergent les falaises de la côte anglaise ; plus près, l'arrière-pays où les cultures forment un patchwork coloré, la plaine maritime flamande et bien sûr le cap Gris-Nez, le grand frère en quelque sorte du cap Blanc-Nez car formé au jurassique, soit quatre-vingts millions d'années avant ! Wissant étire son immense plage de sable entre les deux caps. C'est le paradis des

Couches
de roches
au cap Gris-Nez.

Le GR® entre les deux caps : la mer et le quadrillage des cultures. Immense bonheur pour les randonneurs d'avoir la nature pour eux seuls. On se croise en se disant bonjour, heureux de partager les mêmes joies sur le chemin.

amateurs de chars à voile, qui courent sur le sable avec le vent pour allié. Il souffle fort ici le vent, et gare lorsqu'il se met en colère. La dune le craint : il l'agresse, voulant la modeler à sa guise ; heureusement, les oyats, plantés par milliers, sont venus à son secours et ainsi les massifs de dunes autour de Wissant ont pu être stabilisés. Wissant se souvient que l'ancien village fut enseveli par le sable en 1738 et 1777...

Après la pointe de la Courte Dune, le cap Gris-Nez, un site prisé par les ornithologues français et étrangers à l'époque des migrations. Terrés dans les anciens trous de bombes, ils passent des heures à observer, avec force jumelles ou lunettes, le passage des oiseaux. Regardez bien : avant le cap, sur les rochers dits « les Paulardes », se reposent, après leur pêche, de gros canards marins : les eiders à duvet.

Audresselles, qualifié de port de mer en 1340 dans les archives du comte d'Artois. En 1619, un « chemin poissonnier » permettait aux chasse-marée de livrer du poisson à Saint-Omer (texte extrait des panneaux « Sentier du pêcheur »).

En haut à droite :
Ambleteuse, jadis port militaire, fut protégé par un fort, construit par Vauban.

Page de droite :
Le vent a creusé des rides sur la dune à Fort Mahon.

Le pas de Calais compte parmi les voies maritimes les plus fréquentées au monde : des centaines de navires de toutes sortes l'empruntent chaque jour. Cargos, chalutiers, pétroliers, ferries, etc. ; l'imagination nourrit des rêves de voyages au long cours…

Direction plein sud maintenant ; sur la côte vont se succéder les crans (après le cap Blanc-Nez vous êtes déjà passé au cran d'Escalles) : échancrures dans la falaise où s'accumulent les galets roulés par les vagues. Le bruit de la mer résonne sur les parois, couvrant celui d'un ruisseau qui coule en cascade. Ils portent de jolis noms comme : cran Poulet, cran Mademoiselle.

Après la pointe du Nid de Corbet, Audresselles, petit village de pêcheurs. Devant beaucoup de ses maisons basses, des casiers et le flobart, embarcation typique du site des Deux Caps, ventrue, avec un fond aplati, prévue pour l'échouage. Une bonne odeur chatouille votre odorat, sans doute celle de la « caudière », un pot-au-feu de congre, cuit avec pommes de terre et oignons. Autre plat traditionnel : la tarte aux gros bords avec des pruneaux. Un vrai délice (je l'ai goûtée). On en vend toujours dans le village. Un conseil : faites-la couper en morceaux, c'est plus facile à transporter dans le sac à dos ! Vous parcourrez les rues du village en suivant les panneaux du « Sentier du pêcheur », une rétrospective de la vie d'autrefois.

Vous pourrez aussi faire une halte dans un « estaminet randonnée », label attribué par le Parc naturel régional des Caps et Marais d'Opale à des cafés ou auberges de village, où les randonneurs sont bien accueillis, même avec leurs grosses chaussures où colle l'argile du chemin… Profitez-en pour mordre dans la tarte !

Le monde dunaire continue. Entre Ambleteuse et Wimereux, les dunes de Slack. Plus loin, après Boulogne-sur-Mer, que le GR® contourne, les dunes d'Ecault, alliance de la mer, de la plage, des dunes et de la forêt. Vous aurez certainement été intrigué à Equihen par d'étranges constructions : les « quilles en l'air », quilles de bateaux retournées reposant sur des murets, et qui ont servi d'habitations aux pêcheurs jusqu'au début du XXe siècle.

Les dunes et l'estuaire de la Slack

Au fil des siècles, les dunes ont repoussé vers le nord les limites de l'estuaire et occupent aujourd'hui, en totalité, son ancien emplacement. Un chenal, soigneusement entretenu à l'embouchure, maintient l'écoulement de la Slack vers la mer. Ces dunes comptent parmi les plus beaux ensembles dunaires du Boulonnais : 200 ha de la pointe aux Oies à Ambleteuse. Un patrimoine gravement menacé dans les années 1970, sauvé par l'intervention du Conservatoire du Littoral.
Les dunes de la Slack se décomposent ainsi :
- sur le haut de la plage, quelques **dunes embryonnaires** fixées par le chiendent maritime *(Agropyrum junceum)* ;
- la **dune blanche,** recouverte d'oyats. Aux endroits les plus ensoleillés, là où le sol contient des galets, donc est moins mobile, poussent l'euphorbe et le chardon bleu ;
- la **dune grise,** avec son tapis de lichens et de mousses dont l'une *(Tortula)* fonce en séchant et reverdit à l'humidité. Attention, ce tapis est fragile et peut être abîmé avec un simple pas ;
- la **dune à broussailles,** qui forme la plus grande partie des dunes de la Slack.

Les fourrés qui bordent le chemin abritent églantiers, argousiers, troènes, sureaux... Infranchissables ! L'aubépine, souvent escaladée par la clématite, fait la transition avec la dune boisée. Imaginez le kaléidoscope de couleurs sur la dune au moment de la floraison, et aussi de sons car le petit peuple des passereaux anime l'endroit !
- la **dune boisée,** ou stade préforestier, avec bouleaux, aulnes et saules, pins laricio.

La dune, menacée par le vent, l'eau, l'homme (le piétinement et pire encore : le motocross) est un milieu fragile et est l'objet de soins constants.

La baie de Somme à proximité de Hourdel, l'un des trois ports de cette baie. Ce petit port de pêche est aujourd'hui quelque peu délaissé en raison de l'ensablement de la baie de Somme.

De grandes élégantes : les avocettes.
(Photo André Mauxion)

Votre pied maîtrise maintenant parfaitement la façon de marcher sur le sable. Plaisir de s'arrêter de temps à autre pour toucher ses grains. Bien sec, il coule entre vos doigts, insaisissable, comme le temps qui passe. Mouillé, il vous réserve la surprise de fines traces de pattes d'oiseaux.

Toujours des dunes et des forêts jusqu'à Etaples, située en bordure de l'estuaire de la Canche. Ses eaux, en se dirigeant vers la mer, ralentissent la force des courants marins. Dans l'estuaire, trois zones : le lit de la rivière ; la slikke, partie vaseuse que la marée haute recouvre chaque jour, où rien ne pousse et, enfin, le schorre, recouvert uniquement aux fortes marées. Dans la réserve naturelle de la baie de Canche, la plus grande dune est une dune plaquée sur une ancienne falaise de craie, aujourd'hui entièrement recouverte de sable. La baie accueille nombre d'oiseaux migrateurs. Le temps de se restaurer un peu et pluviers argentés, grands gravelots, etc., s'envolent vers d'autres horizons.

Après Le Touquet, les dunes de Merlimont, 800 ha jusqu'à Berck, la patrie des cerfs-volants !

Et voici la baie d'Authie. Quasi-réplique de la baie de Somme, en moins grand, on y trouve les mêmes dunes (« crocs » en picard), les mêmes mollières (prés salés) où paissent les moutons. Les vases de l'estuaire attirent les limicoles dont le bec fouille à qui mieux mieux pour trouver coquillages et petits crustacés.

Vous voici maintenant totalement immergé dans ce pays de sable et de vent. Ici le bonheur n'est pas dans le pré, mais sur la grève. Vous avez l'immensité pour vous, l'eau donne aux sables des formes douces et sinueuses… que le bout de votre chaussure s'amuse à rompre… Vous ramassez un coquillage, l'enfouissez au fond d'une poche, au retour il vous chuchotera des souvenirs.

Passé Fort-Mahon, voici le massif dunaire du Marquenterre, le plus vaste du nord de la France. C'est là que s'est implanté le parc ornithologique sur 250 ha de dunes, forêts et marais. Trois cent soixante espèces d'oiseaux ont été recensées dans la baie de Somme qui se trouve au carrefour des grandes voies de migrations de l'Afrique et de la Méditerranée vers l'Islande, la Grande-Bretagne, les pays scandinaves et les régions baltiques. Spatule blanche, avocette, aigrette garzette, pluvier doré, courlis cendré, etc. Le printemps et l'automne sont les deux meilleures saisons pour observer grand nombre d'espèces.

La baie de Somme est là, une approche capricieuse liée aux saisons, au temps, à l'heure du jour ; le ciel se drape souvent dans des couleurs irisées.

Depuis des siècles, la baie est soumise à un processus d'ensablement favorisant la progression des mollières où poussent la salicorne, l'obione, le lilas de mer, etc. Pourquoi cet ensablement ? Une cause naturelle : le flot (courant entrant) est supérieur au courant jusant (courant sortant), les sédiments entrés avec la marée ne sont pas évacués. Un phénomène sur lequel on réfléchit afin d'enrayer la progression.

Vue sur la baie de Somme. Des paysages à inspirer les peintres.

Les curieuses quenouilles massettes à la pointe Saint-Quentin.

Après Saint-Valery-sur-Somme, direction Le Hourdel, en longeant, après le cap Hornu, les bas-champs ou « renclôtures » (terrain gagné sur la mer). La digue protège l'arrière-pays des assauts de la mer. Dans le petit port accostent les bateaux chargés de poissons et de « sauterelles », appellation locale des crevettes grises.

La pointe du Hourdel vous livre son panorama, dans une atmosphère tout en douceur. Subtile palette de couleurs sur le sable à marée basse, une gamme de beiges, de gris, de blonds, de bruns, comme un nuancier d'aquarelliste.

Un mammifère fort sympathique fréquente les lieux : le phoque veau marin, dont une petite colonie est de retour dans la baie. Un autre familier des paysages : le petit cheval Henson.

Vous pouvez continuer un peu votre itinérance plus au sud pour découvrir entre autres le Hâble d'Ault, un grand étang d'eau douce apprécié par quelque deux cent soixante-dix espèces d'oiseaux. A la pointe du Hourdel, vous entrez dans le pays des galets, le sable ne se découvrira qu'à marée basse. Dans ces galets s'épanouissent le chou marin et le pavot cornu. Un oiseau y est très occupé : c'est le bien nommé tourne-pierre. Poussez au moins jusqu'à Ault, dont les belles falaises de craie annoncent celles de la côte normande.

Les galets proviennent de l'érosion des falaises. Les vagues roulent inlassablement les morceaux de silex qui, au fil du temps, prendront une forme arrondie. Les galets contiennent 95 % de silice. Concassés, broyés, filtrés, ils sont utilisés pour les travaux routiers ou du bâtiment, et aussi pour la fabrication du papier de verre, peintures, céramiques, etc.

Page de gauche :
en haut, à gauche :
Le port du Hourdel.

en haut, au milieu :
Il vaut mieux être bien chaussé pour affronter les aspérités de la plage !

en haut, à droite :
Au bord des falaises d'Ault.

en bas :
Le petit bois de Cise surplombe la falaise crayeuse.

Le volcan du Cantal

de puy en puy

« […] L'Auvergne a su mûrir, il n'est resté du feu qu'une cendre, pierre ponce propre à polir toutes les rugosités. Vous ne verrez pas ici, comme autour de Grenoble, des montagnes de trois mille mètres se bousculer aux portes de la ville. L'Auvergne, sœur aînée, bâtie de roches dures, assagie par le temps,

Dans le Cantal, gros plan sur l'alliance du végétal et du minéral.

ratatinée, méfiante, groupe horizontalement ses monts et ses massifs comme des moutons autour du pâtre, se remémore sans émotion le feu qui brûla sa poitrine, rentre son buste, étale à plat ses longs panoramas, et, se défiant des acrobaties qui lancent les pics à l'escalade des nuées, range sagement ses volcans refroidis comme des bols sur l'égouttoir. »

Alexandre Vialatte, *L'Auvergne absolue*, Ed. Julliard, 1983.

Murs épais, toiture robuste, de quoi affronter les rigueurs de l'hiver et de l'été.

A droite :
La vache de race Salers a une jolie robe acajou, un poil fin souvent frisé, des cornes en forme de lyre. Bref, un port très élégant

Vous êtes ici dans le stratovolcan – empilement volcanique composite, où alternent coulées et projections – le plus vaste d'Europe : 70 km de diamètre, 2 700 km^2 de superficie ! Il y a des millions d'années, explosions, éruptions rougeoyantes, gerbes d'étincelles, coulées de lave, projections de blocs, glaciations, ont secoué le pays.

« Après ces convulsions, la terre entra en rêve », écrivait Alexandre Vialatte. Le calme est revenu et au fil du temps l'érosion a façonné le relief, l'émoussant ou l'aiguisant, pour nous livrer un paysage enveloppé de vert : vert profond des forêts, vert plus tendre des estives, le Cantal étant l'une des plus vastes régions pastorales de France. La vache Salers est née elle aussi du volcanisme : selon la légende le Bon Dieu fit la vache rouge avec les boules de feu du volcan du Cantal... Plus tard, il créa l'Auvergnat qui rencontra la vache sur les pentes du puy Mary et en fit l'élevage !

Ce passé tumultueux a laissé un héritage qui a pour noms : dômes, cheminées, cônes, basaltes, orgues, necks,

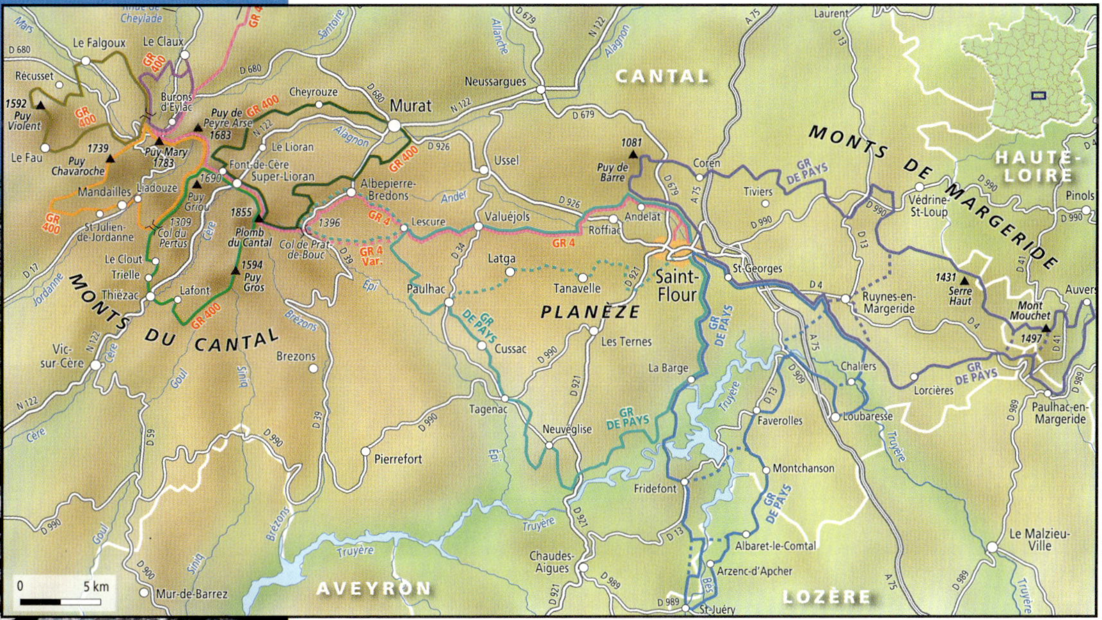

Topo-guide® FFRandonnée

- Volcan du Cantal, réf. 400

Disponible également en e-topo®

GR® 4

De Saint-Flour à Egliseneuve-d'Entraygues (108,5 km)

GR® 400

Boucle de la Vallée de l'Alagnon (45 km)

Boucle de la Vallée de la Cère (38,5 km)

Boucle de la Vallée de la Jordanne (34 km)

Boucle du Cirque du Falgoux (39 km)

Boucle de la Vallée de la Claux (22 km)

GR® Pays

Boucle des Monts de la Margeride (110 km)

Boucle des Gorges de la Truyère (102 km)

Boucle du Tour de la Planèze (87 km)

dykes, etc. Les appellations imagées ajoutent au mystère : roc des Ombres, puy Violet, Téton de Vénus, puy de la Jambe…

En zone centrale, le plomb du Cantal (1 855 m), le puy Mary (1 783 m) et le puy Griou (1 690 m) sont reliés entre eux par des lignes de crêtes qui dominent des cirques glaciaires, d'où rayonnent en étoile des vallées (ou auges) ouvertes et profondes. Les dénivelées peuvent donc être importantes pour atteindre un sommet depuis le fond d'une vallée.

Vue sur la vallée de la Jordanne, au puy Griou.

Le GR® 400 compose cinq boucles à combiner comme vous le souhaitez pour découvrir ce pays où la rondeur occitane se lit dans la mer de puys qui moutonnent à l'infini et aussi dans la chaleur de l'accueil. *« Chaleur de l'âtre, chaleur des cœurs, chaleur d'un repas réconfortant. Convivialité tout en pudeur. Il faut reprendre le chemin. La bise vive nous rappelle que le printemps est encore ancré. Ce printemps qui semble s'éterniser et laisse si peu de place aux rondeurs des jours d'été avant de céder la place aux premiers frimas de l'automne. Le cœur empli de douceurs, nous mettons le cap vers d'autres horizons. »* (Dominique)

Après cette halte chaleureuse au coin du feu, peut-être serez-vous tenté d'amorcer votre programme de découverte par le puy Mary, une bonne façon de digérer la délicieuse truffade ! Son dôme a été sculpté en forme de pyramide par l'action des glaces, un horn, en langage de vulcanologue. La table d'orientation aide à se repérer. De là-haut, se profilent les monts Dore, du Livradois et du Forez, le Cézallier. Les différents puys sont comme autant de sentinelles surgies de la nuit des

Anémone soufrée. Elle porte différents noms populaires comme Barbe-du-Diable ou Gaillard chevelu, du fait du prolongement plumeux de ses fruits que le vent se plaît à agiter.

temps. La vue est impressionnante sur l'éventail des vallées rayonnantes. Pendant des siècles, les communications entre les vallées se firent par des chemins tracés sur les crêtes.

Le premier sommet du département, le plomb du Cantal, est facilement accessible depuis Super-Lioran ou le col de Prat de Bouc, zone importante de migrations d'oiseaux. Pigeons ramiers, grues cendrées, cigognes noires, faucons pèlerins, busards, et bien d'autres, survolent l'endroit.

Le panorama, à 1 855 m, est immense : au-delà de la vallée de la Cère, puy Griou, puy Peyre-Arse, puy Mary, puy Violent, puy Chavaroche, etc.

D'où vient le nom plomb du Cantal ? Plomb viendrait du mot *pomum* : pomme ou pommeau, qui rappelle la forme arrondie de son sommet. Quant à Cantal, les philologues y retrouvent la racine celtique *cant* : brillant.

Pluie d'or sur les pentes du puy Violent.

De ces sommets, on découvre aussi de grands plateaux découverts, les « planèzes », fertilisés par la décomposition de la lave.

Apparaissent aussi les différents étages de la végétation : au-dessus des terres de culture et des prairies entourées de chênes et de frênes, les forêts (hêtres et sapins) auxquelles succèdent les pelouses rases – *« rien que de l'herbe en tignasse »*, écrivait Henri Pourrat –, puis la rocaille et les éboulis au sommet.

Le puy Griou a fière allure aussi, sa pyramide est composée de phonolite (du grec *phono* le son, et *lithos* la pierre), que l'on retrouve sur les toits des maisons alentour.

La « pierre qui sonne » se débite en effet plutôt bien en dalles régulières épaisses de deux doigts. Contrairement à la « lauze », plaque de roche schisteuse, elle ne s'effrite pas sous l'effet prolongé du gel. Mousse et lichens ne s'y accrochent pas. Dans le basalte ont été taillés d'élégants linteaux et de belles pierres d'angle. Le volcanisme a ainsi élu domicile dans l'habitat.

Le puy Mary est un véritable château d'eau d'où partent rivières, ruisseaux et cascades. Au col de Font de Cère se situe la ligne de partage des eaux des bassins de la Garonne et de la Loire. Les sources de la Cère dont les eaux rejoignent la Garonne et celles de l'Alagnon qui rejoignent la Loire se trouvent à quelques centaines de mètres des deux côtés du col. Les rivières ont tissé autour du puy Mary et du plomb du Cantal une vaste toile d'araignée, dont les fils s'appellent Jordanne, Cère, Epie, Alagnon, etc.

La brèche de Rolland (passage délicat), entre le col de Cabre et le pas de Peyrol. Le site du puy Mary – le plus visité du Cantal – est candidat au label « Grand Site de France ».

Au bord des rivières s'implantèrent les villages. La vie autrefois était rude. Beaucoup de Cantaliens quittaient le pays pour aller travailler dans les grandes villes. La plupart des ferrailleurs du quartier de la Bastille à Paris étaient originaires de la vallée de la Jordanne, qui connut jadis son heure de gloire. La rivière roulait des paillettes d'or. Les orpailleurs jetaient dans l'eau une toison de brebis à laquelle s'accrochaient les paillettes... Des moulins tournaient aussi sur la rivière et les petits ruisseaux alentour.

« La légende de la Jordanne charriant des paillettes d'or et donnant du même coup son nom à Aurillac ressemble un peu à la fable de La Fontaine : Le laboureur et ses enfants. L'or n'est pas là où ils ont pu croire. En l'occurrence, il est dans les mains des Aurillacois, dans leur courage, dans leur adresse, dans leur ingéniosité. L'or de la Jordanne, c'est en faisant tourner les moulins et les martinets qu'elle l'apporte. »*

Côté flore, parmi les espèces : l'anémone soufrée (toxique) ; la gentiane champêtre dont la racine, comme celle de la gentiane jaune, a des vertus apéritives et fébrifuges ; la gentiane printanière ; l'aspérule odorante, qui parfume délicatement le linge dans les armoires et sert aussi, macérée dans du vin blanc, à faire le « vin de mai ».

Côté faune, le massif accueille chamois, cerfs, chevreuils, sangliers, et même mouflons, une espèce réintroduite avec succès. A partir de juin on peut les apercevoir dans les prairies d'altitude du plomb du Cantal et du puy Griou. La marmotte est aussi présente sur le massif.

Les volcans se réveilleront-ils un jour ? Vulcanus, dieu du feu, façonne-t-il toujours dans les forges au centre du volcan les armes des dieux ? En attendant, vous devrez vous contenter de l'embrasement des couchers de soleil et des couleurs flamboyantes de l'automne qui embrasent les forêts.

*Jean Anglade, *Le Massif central au XIXe siècle*, Hachette Livre, 1996.

Cheminement à l'ombre des grands arbres vers d'autres découvertes cantaliennes.

A gauche :
Savoir-faire du couvreur pour cette toiture de lauzes.

En attendant la prochaine estive...

En chemin vers Compostelle

Le Puy/Roncevaux

« Entre le matin et le soir, il y a le chemin. De terre ou de roc, de pierres rangées, de feuilles mortes, de boue, de sable ou de silex, griffant le dos des collines pelées, paressant au creux des bocages, coupant droit les paysages en deux, c'est l'ordinaire des jours du pèlerin. Devant, l'inconnu, à la fois menace et promesse.

Préparation du pastel, dont la culture a été relancée. L'entreprise « Le Bleu de Lectoure » s'est installée dans un ancien hospice sur le chemin vers Compostelle.

Derrière… Combien de fois, le premier jour, ne vous êtes-vous pas retourné ! Pour mesurer votre progression, sans doute, mais aussi parce que ce chemin pas à pas dévidé vous relie encore, comme un cordon ombilical, à vos proches, à vos habitudes, à vos repères – à celui que vous étiez. Et si Dieu veut, c'est par là que vous retournerez chez vous. »

Barret-Gurgand,
Priez pour nous à Compostelle, Ed. Hachette, 1978.

Le rêve va enfin se réaliser : vous venez d'arriver au Puy pour gagner Roncevaux d'abord (754 km) et Saint-Jacques-de-Compostelle ensuite (800 km). Vous faites partie des quinze mille randonneurs-pèlerins qui, chaque année, choisissent Le Puy pour s'élancer sur les traces de l'évêque Godescalc qui, en l'an 951, fut certainement le premier « grand pèlerin » à gagner la ville de Galice. Votre équipage est plus simple, pas de chevaux, de mules ou de troubadours pour vous escorter !

Pour tester votre souffle, visite approfondie de la ville, avec la montée des 268 marches permettant l'accès à la chapelle Saint-Michel-d'Aiguilhe perchée au sommet d'un neck volcanique de 82 m de haut. Et peut-être aussi la montée au rocher Corneille pour jouir de la vue sur le bassin du Puy ?

« Après une courte nuit au gîte Saint-François et la bénédiction traditionnelle, émouvante, une volée de moineaux dévale l'interminable escalier qui descend de la cathédrale et traverse la vieille ville. Et débute la montée : paysage somptueux car la ville est noyée dans le brouillard et nous débouchons en plein soleil, au-dessus d'une mer de coton. Rapidement, nous voici seuls au monde, Denise et moi, sur ce fameux chemin de Saint Jacques dont nous rêvons depuis deux ans. » (Roger)

Le Puy s'éloigne,
la grande aventure commence...

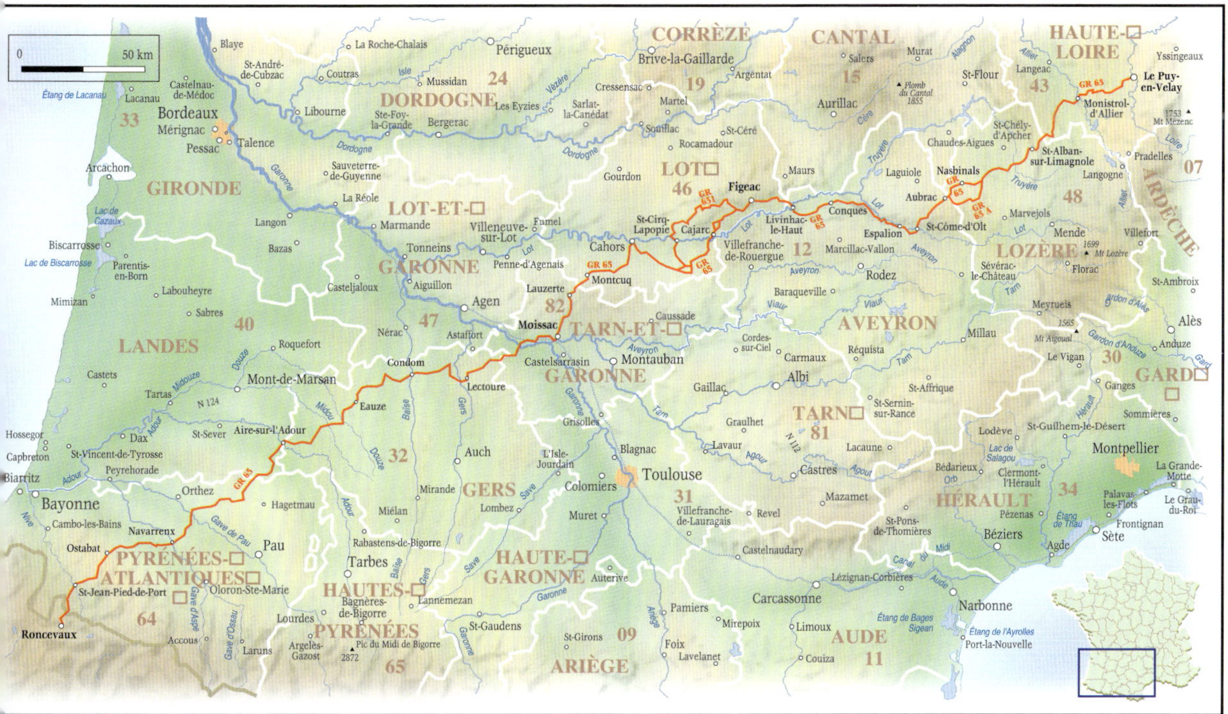

Topo-guides® FFRandonnée / GR® 65

- Le Puy/Figeac (252 km), réf. 651

Disponible également en e-topo®

- Figeac/Moissac (157 km), réf. 652

Disponible également en e-topo®

- Moissac/Roncevaux (345 km), réf. 653

Autres topo-guides® de sentiers vers Compostelle

- GR® 65 Genève/Le Puy (340 km), réf. 650
- GR® 655 Tours/Mirambeau (384,5 km), réf. 6552
- GR® 653D, Montgenèvre/Arles (459 km), réf. 6531
- GR® 653, Arles/Toulouse (480 km), réf. 6533
- GR® 654 Vézelay/Montréal-du-Gers (985 km), réf. 6542

La Vierge noire aurait été offerte par Saint Louis à son retour de la croisade d'Egypte.
(Photo Luc Olivier)

La traversée de l'Aubrac, un des grands moments pour le randonneur sur l'itinéraire vers Compostelle.

Sorti de la cité ponote, il faut gagner par une bonne montée le plateau volcanique du Velay et traverser les monts du Devès. Ce caractère volcanique, vous allez le retrouver dans votre assiette ! Si vous voulez accroître votre énergie, consommez une spécialité locale : la lentille. Cette légumineuse a trouvé ici un sol basaltique léger et aussi un microclimat. La récolte a lieu entre le 20 juillet et le 15 septembre, époque où le cœur de la Haute-Loire jouit d'un bel ensoleillement. Les producteurs respectent la tradition : la lentille verte du Puy doit être semée à la « lune vieille » (dernier quartier) qui stimule la poussée en graines, alors que la lune nouvelle stimule la poussée en feuilles et en tiges. Usages rassurants à une époque où on veut toujours faire vite…

« Deuxième jour de marche entre Saint-Privat d'Allier et Saugues : un vrai bonheur pour les yeux, mais qui a dit que la France était plate ? 18 petits kilomètres à mériter. Montée d'abord à Rochegude, merveilleux nid d'aigle dont la vieille

chapelle domine toute la vallée. Plongeon ensuite vers Monistrol-d'Allier, tout au fond là-bas, avec une forte tentation de couper tout droit ! Sévère remontée ensuite sur le plateau. » (Roger et Denise)

Remise en jambes pour gagner le plateau granitique dont le nom de Gévaudan évoque immanquablement la bête qui en trois ans, de 1764 à 1767, fit une centaine de victimes et une vingtaine de blessés. Elle s'attaquait surtout aux femmes, aux enfants et aux vieillards. Jamais un pèlerin passant dans les parages ne fut attaqué. Elle alimente toujours les conversations et le mystère plane encore... Saugues lui consacre un musée.

S'annonce ensuite la Margeride. Forêts de hêtres et de pins sylvestres, prairies, landes à genêts et callunes (bruyères), parsemées de gros blocs de granit, ce même granit qui a servi pour la construction des maisons traditionnelles. Les murs épais protègent des rigueurs de l'hiver et du souffle de la tourmente, supportant de lourdes toitures en lauzes de micaschistes. Elles ressemblent à des « maisons fortes », comme le domaine du Sauvage dont le gîte d'étape reste pour beaucoup de randonneurs une étape incontournable avant de franchir le col de l'Hospitalet (altitude 1 304 m). Le vent peut souffler, un grand feu flambe dans l'immense cheminée, les conversations vont bon train sur l'étape du jour et celle de demain.

A ces hautes solitudes succédera l'Aubrac, qui séduit – on pourrait même dire envoûte – tant de randonneurs.

« *Aubrac apaisant lorsque vous le découvrez sous le suave soleil printanier, ébloui par l'or des jonquilles, enivré par l'odeur des narcisses... Aubrac lunaire avec ses clôtures en bloc de granit dont l'alignement trahit l'intervention d'un titan... Aubrac effrayant les nuits de tempête, quand soudain la burle vous surprend et amasse avec perversité des murs de neige destinés à vous égarer dans l'air glacial... Aubrac mystique, réminiscence des brigands, prêts à détrousser les voyageurs de grands chemins... Aubrac émouvant... Aubrac magique tout simplement.* » (Dominique)

Autrefois, la traversée de l'Aubrac était en effet redoutée par les pèlerins qui craignaient d'y rencontrer mauvais temps, bandits et loups. La toponymie le rappelle, comme le roc des Loups, entre Finieyrols et Rieutord d'Aubrac, où le randonneur pourra remplir sa gourde aux deux belles fontaines-abreuvoirs en granit,

La tour des Anglais à Saugues. Les populations avaient donné le nom d'« anglais » aux « routiers » qui sévissaient à l'époque.
Une troupe assiégea la ville en 1362. Charles V dut envoyer sur place le célèbre Duguesclin.
La ville fut reprise après négociation avec le chef des anglais, dit Parcimbourg.

Un buron, témoin de l'ancienne activité fromagère sur l'Aubrac durant les estives.

En haut, à droite :
Un des derniers buronniers.

Page de droite :
en haut, à gauche :
Epilobe, appelée aussi Antoinette ou herbe de saint Antoine.

en haut, à droite :
Près de Nasbinals.

en bas :
Paysage autour d'Aumont-Aubrac.

témoins d'un patrimoine rural heureusement conservé.

Même aujourd'hui, attention au brouillard, fréquent et parfois fort épais. Le tronçon du GR® situé au-dessus de 1 000 m est d'ailleurs impraticable en hiver.

Mais quel régal à la belle saison ! Dans cet océan de pâturages, l'espace vous appartient, seulement interrompu de temps à autre par un bouquet d'arbres ou la silhouette d'un buron où, autrefois, on fabriquait le fromage. Ici, l'air est léger et vous avancez allègrement, le sac à dos semble moins lourd.

Ce vaste plateau de granit et de basalte devient le domaine, pendant la saison d'estive, d'environ quarante mille bovins, dont 90 % de vaches allaitantes (elles nourrissent leur veau). Vers le 25 mai, jour de la Saint-Urbain, les troupeaux gagnent, en camion ou à pied, la montagne d'Aubrac. Retour à partir du 13 octobre, jour de la Saint-Géraud. Leur présence a entraîné pour les randonneurs l'installation de marchepieds ou de chicanes pour le passage des clôtures. Un moyen de vérifier sa souplesse !

La flore est très riche. Amateurs de tisane, vous trouverez le calament à grandes fleurs (*Calamintha grandiflora*) ou thé d'Aubrac. Il permet des infusions mellifères et stimulantes : à ne pas négliger lorsqu'on arpente les chemins !

« Le lendemain, passé le village d'Aubrac, désert en ce début d'octobre, voici la dégringolade – près de 1 000 m – vers la vallée du Lot, descente pénible, la pluie a transformé une partie du sentier en un cours d'eau bien rapide. […] Nous forçons l'allure pour atteindre en fin de journée Saint-Côme-d'Olt, gros bourg tout de vieilles maisons de pierres ocrées. Gîte d'étape superbe : une bâtisse du XV*e siècle, partie de l'ancien Palais du greffe. Une grande cheminée permet de sécher nos vêtements et de griller des châtaignes, notre dessert consistant ce soir et les suivants de noix, pommes et châtaignes ramassées en chemin, tout comme nos "randonneurs" du Moyen Age allant vers Compostelle. »* (Jean)

Ce que Jean ne dit pas, mais que mon petit doigt m'a raconté, c'est qu'il avait mis ses chaussures à sécher un peu trop près du feu. Surprise le lendemain matin : elles avaient piètre figure, mais il fallut continuer. Au retour, dans le train qui le ramenait de sa pérégrination, il cachait ses chaussures sous la banquette !

Le beau temps est revenu, flânerie à Espalion, ou Estaing, avant de grimper sur les plateaux du Rouergue et atteindre la merveille des merveilles : Conques, qui laisse dans le cœur de chaque randonneur-pèlerin un souvenir si fort… Le lendemain, une dernière image : celle de la cité vue de la chapelle Sainte-Foy que le GR® 65 atteint après avoir traversé le pont des Roumieux (pèlerins) sur le Dourdou.

« La découverte des toits de cette fameuse abbaye Sainte-Foy dépasse toutes les espérances. Emotion justifiée par l'attente de ce moment unique et par la fatigue déjà accumulée. Au fond de la vallée, le village et son église romane sont blottis comme dans un écrin insensible au temps qui passe. Symbole de calme et de sérénité. Ce soir, un moine jouera de l'orgue dans une basilique plongée dans le noir et le recueillement. Le départ de Conques, le lendemain, n'est pas moins dénué de charme. Longue remontée en sacrifiant à la tradition de faire sonner la cloche d'une chapelle, à mi-pente, pour signaler le passage de pèlerins. » (Roger et Denise)

Une cazelle en pierres sèches sur le causse. « La pierre pousse » a-t-on coutume de dire car les labours font toujours apparaître de nouvelles pierres.

En haut, à gauche :
Lire la pierre à Conques sur le tympan de l'abbatiale Sainte-Foy : à gauche, les anges accueillent les élus à la porte céleste alors que frappent des monstres à la porte infernale. Les damnés sont poussés dans la gueule ouverte du Léviathan (monstre marin cité dans la Bible).

Page de gauche :
en haut, à gauche :
Conques : une étape quasi mythique toujours très attendue par les randonneurs-pèlerins.

en haut, au milieu :
Une croix sur l'Aubrac, autrefois précieux repère pour les pèlerins, lorsque le balisage blanc-rouge des GR® n'existait pas !

en bas :
Le Lot s'étire doucement entre les falaises.

Vous traverserez le Lot une nouvelle fois à Livinhac-le-Haut avant de gagner Decazeville et sa célèbre mine découverte. Puis ce sera Figeac, au bord du Célé, dont le centre historique mérite plus que le détour.

Morceau de choix ensuite jusqu'à Cahors : la traversée des causses de Cajarc et de Limogne, illuminés de la lumière blanche du calcaire. La pierre est partout : croix, dolmens, lavoirs avec des dalles en V, puits (« igues »), murets en bordure des chemins, gariottes ou cazelles. Ces harmonieuses constructions – abris de bergers, remises à outils, poulaillers… – ont résisté à l'assaut du temps. Un paysage minéral où poussent buis, genévriers, chênes pubescents et chênes truffiers.

Sur les « glèbes » – les pacages – broutent des moutons « à lunettes », race Causses du Lot, ainsi appelés car leurs yeux sont entourés de taches noires symétriques. Les herbages dont se nourrissent les brebis donnent aux agneaux, par le biais du lait, un goût très apprécié.

Après Varaire, le GR® 65 emprunte le « Cami Gasco » (chemin gascon) ou « Cami Ferrat » (chemin ferré, emprunté par les muletiers), ancienne voie romaine. De grandes dalles de pierre ont été retrouvées sous la terre. Le pèlerin de jadis délaissait cette voie car sa solitude était propice aux attaques de brigands.

Il faut s'arracher au charme des causses pour rejoindre Cahors où une étape s'impose avant de grimper sur le plateau qui domine la ville et son célèbre pont Valentré. Vous voilà dans le Quercy blanc (la pierre calcaire domine) et le pays des Serres. Les géographes ont donné le nom de « serres » aux lanières fertiles découpées dans les plateaux crayeux par les petits cours d'eau rectilignes. La luminosité méridionale se confirme au fil des kilomètres, favorisant la culture de la vigne et

Fière allure pour ce pigeonnier près de Lalbenque.

Tournesols en résistance : ils n'abandonneront pas leur ancien territoire !

Le safran

Ce sont probablement les Phéniciens qui ont introduit le safran en France. Les Gaulois auraient préparé des bouillies de céréales au safran et au miel. Les Croisés contribuèrent à son utilisation dans toute l'Europe.

Sa culture fut florissante dans le Quercy entre le Moyen Age et la fin du XVIIIe siècle. Le cadastre en témoigne : des champs y figurent sous le nom de safraniés ou safraniers.

Après une période de déclin, cette culture a été relancée dans le Quercy il y a quelques années, sous l'impulsion de l'association des producteurs « Les safraniers du Quercy ».

Les fleurs, très fragiles, sont cueillies chaque jour et à la main. Lors de l'épluchage on sépare les stigmates de l'enveloppe florale. Le séchage permet ensuite la conservation du safran.

Les fleurs du safran s'épanouissent d'octobre à novembre.
(Photo Jean-Claude Beragne)

Appelé aussi l'or rouge ou le trésor rouge, le safran est utilisé comme condiment et comme plante tinctoriale (pour les vêtements des moines bouddhistes par exemple). Il entre aussi dans certaines préparations médicinales et la cuisine quercynoise l'utilise largement.

Habitat traditionnel
en Lomagne.

Détail du tympan de l'abbatiale Saint-Pierre à Moissac.

des fruitiers. Après Montcuq,la première bastide : Lauzerte. Moissac se profile ensuite, au cœur d'un immense jardin. Comme à Conques, le randonneur va se régaler à lire la pierre du tympan de l'abbaye et des chapiteaux du cloître. C'est la ville des fruits, profitez-en pour faire un plein de vitamines.

« Au départ de Moissac, le lendemain, le choix de suivre le canal présente une solution insolite. En effet, c'est peut-être la seule occasion d'étape de "plat". Des platanes géants bordent le chemin de halage. Le capitaine d'une péniche offre

de nous prendre en stop, un paradoxe pour des pèlerins ! Itinéraire fort romantique et reposant. Après un dernier pont sur la Garonne, Auvillar, délicieuse bourgade médiévale et sa halle circulaire. » (Roger et Denise)

La Gascogne s'ouvre à vous. Aimery Picaud, dans son *Guide du pèlerin de Saint-Jacques-de-Compostelle*, la dépeint ainsi : « *Riche en pain blanc et en excellent vin rouge, elle est couverte de bois et de prés, de rivières et de sources pures. Les Gascons sont légers en paroles, bavards...* » Je n'irai pas plus loin dans la citation car après le ton se gâte !

Vient d'abord la Lomagne à qui le moutonnement de son relief a valu le nom de « Gascogne bossue ». C'est le pays de l'ail, apporté par les Croisés. Viendra ensuite la terre gersoise, et sa succession de collines et de vallons. Vigne et champs de maïs. Ici on gave oies et canards. C'est le pays du foie gras et aussi de l'« aygue ardente », eau-de-vie rapportée par les pèlerins dont elle soignait les plaies et remontait le moral à l'occasion ! C'est dans le bas Armagnac que s'élaborent les meilleurs armagnacs. Le sol léger, composé de sables fauves, plaît à la vigne. Dans

Le temps s'est arrêté, l'heure est à la méditation dans la pénombre du cloître à Moissac. 76 chapiteaux supportés par 116 fines colonnes, en marbre de couleurs différentes, alternativement simples ou géminées.

Elégant pigeonnier sur piliers entre Montfermier et Montlauzun. L'ascension des prédateurs était stoppée par les chapiteaux renversés.

En page de droite :
La rencontre avec un troupeau en estive et son berger est toujours un moment privilégié.

Jalon sur un des chemins vers Saint-Jacques-de-Compostelle. Il reproduit l'emblème réalisé pour le Conseil de l'Europe par les graphistes espagnols Macua et Garcia-Ramos.

le bocage domine le chêne. Il donnera la futaille, où vieillit le précieux alcool. C'est entre Eauze et Nogaro que s'élaborent les plus grands armagnacs…

L'entrée dans le département des Landes se fera après avoir traversé l'Adour. Le GR® 65 va musarder dans le Tursan avant d'aborder le Béarn, entrée supposée se situer entre les deux rivières du nom de Luy de France et Luy de Béarn. Que de rivières traversées et à traverser : le gave de Pau, le gave d'Oloron, le Saison, la Bidouze et la Nive. C'est facile aujourd'hui, mais imaginez le tracas pour le pèlerin d'autrefois, confronté à des bateliers peu scrupuleux.

On déguste en Béarn un très bon vin : le jurançon, celui qu'on fit goûter à Henri IV à sa naissance. *« En mémoire aussi l'accueil chaleureux du curé de Navarrenx. J'aimerais le revoir et goûter encore son jurançon ! »* (Jean)

Avant d'atteindre Saint-Jean-Pied-de-Port, l'émotion sera au rendez-vous à Ostabat. La stèle (discoïdale, comme les stèles fréquentes dans les cimetières basques) dite « de Gibraltar », marque l'endroit où se retrouvent les voies du Puy, de Vézelay et de Tours. Imaginez le nombre de pèlerins qui s'y retrouvaient jadis. Les lieux d'accueil pouvaient recevoir jusqu'à cinq mille personnes !

J'ai laissé à Roger et Denise le soin de conclure :

« 33e jour de marche, entre Ostabat et Saint-Jean-Pied-de-Port. Le cap des 700 km est franchi.

Nous avons quitté ce refuge si accueillant des Eyarts avec regret, comme des nomades au départ de l'oasis réconfortante. Le paysage est somptueux malgré les nuages menaçants. Découverte du Pays basque si verdoyant dans cette vallée qui s'étire sous nos yeux. Les premiers contreforts des Pyrénées promettent des lendemains sportifs !

Nouvelle émotion à l'arrivée à Saint-Jean-Pied-de-Port : c'est par la porte Saint-Jacques que l'on pénètre dans ces vestiges du Moyen Age. Rues étroites, en forte pente, bordées de maisons anciennes. Présence fort appréciée d'un centre d'accueil des pèlerins, tenu par des bénévoles : une vraie mine d'or d'informations pour la suite. Car demain, c'est le grand bond : le passage des Pyrénées vers Roncevaux, une rude et longue montée nous attend… et bientôt, déjà la moitié du chemin. »

Le makhila

Le makhila (ou makila) est le bâton de marche du Basque. La seule fabrication par tradition familiale se trouve à Larressore, petit village du Pays basque situé sur une ancienne voie de pèlerinage vers Compostelle. C'est là que la famille Ainciart-Bergara le produit, depuis au moins cinq générations. C'est uniquement avec le bois dur du néflier que sont fabriqués les makhilas. Les endroits où se trouvent les bons néfliers sont gardés secrets. Sachez que les tiges susceptibles de donner un beau fût sont scarifiées au printemps à la montée de la sève et coupées à l'entrée de l'hiver en tenant compte de la lunaison.

Après écorçage au four, de belles cicatrices apparaîtront. Les bois sont redressés à chaud et mis à sécher plusieurs années avant d'être teintés. Chaque makhila, fait sur mesure, comporte toujours la signature du fabricant, le nom de la personne et une devise traduite en basque. C'est un cadeau que les Basques aiment se faire, faire à des proches ou à des visiteurs. C'est un honneur de s'en voir offrir un !

Bâton pour la marche et la randonnée, le makhila est aussi une arme avec son aiguillon vissé dans le pommeau. Cette pointe serait la survivance du goût des anciens Basques pour les armes pointues, lances ou demi-piques, autrefois indispensables pour fréquenter des chemins peu sûrs. Certaines représentations très anciennes du bourdon du pèlerin vers Compostelle montrent une similitude avec le makhila.

La traversée des Pyrénées

de l'Atlantique à la Méditerranée

« Toute ma vie, j'ai aimé, j'allais dire "adoré" les montagnes, les gravissant avec passion. Je puis en comparer beaucoup ; mais quelque aveugle que soit l'amour, je crois encore avoir raison en admirant plus que jamais les Pyrénées, leur ciel si bleu et si limpide, leurs glaces resplendissantes, leurs aspects vaporeux, les plaines

Détail sur un chêne-liège
dans les Pyrénées-Orientales.

ardentes et veloutées endormies à leur base au plus beau des soleils, et ces eaux merveilleuses, qui s'échappant des neiges avec fureur, se calment ensuite sur des pelouses horizontales, et serpentent en silence entre des tapis de fleurs si rares et si charmantes qu'on ose à peine marcher dessus.
Il y a dans la nature pyrénéenne une poésie extrême, une harmonie de formes et de couleurs, et de contrastes que je n'ai vus nulle part ailleurs. »

Henry Russel, *Souvenirs d'un montagnard*, 1878, BnF/Gallica.

Séance repos avec le pic d'Anie en arrière-plan.

Traverser les Pyrénées à pied ! Un rêve de randonneur. Le GR® 10 relie l'océan Atlantique à la Méditerranée, en escaladant le massif par ses sites naturels les plus prestigieux. Une mosaïque de pays hauts en couleur et en traditions, tout au long des 1 075 km entre Hendaye et Banyuls-sur-Mer.

Au départ, le relief du Pays basque vous paraîtra facile, ne vous y trompez pas, le pays est « bossu » et constitue une très bonne mise en jambes pour la suite. Un sommet qui compte pour les Basques : La Rhune (900 m). Un chemin de fer à crémaillère y monte depuis 1924. Le GR® n'y grimpe pas, se contentant de franchir la voie dans la pente où évoluent les « pottoks », gracieux petits chevaux basques qui vivent ici en semi-liberté avec les moutons.

Les gracieux chevaux pottoks (prononcer *pottiok*) vivent en semi-liberté dans la montagne basque. Menacée de disparition, l'espèce est maintenant sauvée grâce à l'action de passionnés.

Topo-guides® FFRandonnée / GR® 10

- Pyrénées occidentales, Hendaye/Arrens (260 km), réf. 1086

Disponible également en e-topo®

- Pyrénées centrales, Arrens/Bagnères-de-Luchon (270 km), réf. 1091
- Pyrénées ariégeoises, Bagnères-de-Luchon/Mérens-les-Vals (335 km), réf. 1090
- Pyrénées orientales, Mérens-les-Vals/Banyuls-sur-Mer (196 km), réf. 1092

Disponible également en e-topo®

La beauté du paysage invite à la pause.

Vous n'échapperez pas au charme des maisons basques dans les villages de Sare et d'Ainhoa. Que de soins et d'amour entourent cet habitat. La sobriété de leur architecture trouve tout son attrait dans le blanc éclatant des murs et les chaudes couleurs des volets et des colombages.

Chemin faisant, vous allez arriver jusqu'aux crêtes d'Iparla, qui dominent des à-pics vertigineux (un sentier muletier balisé en bleu permet d'éviter le passage sur la sente de crête très aérienne). Vous voyez que le relief n'est pas de tout repos dans les Pyrénées atlantiques, injustement appelées autrefois « basses Pyrénées » !

De col en col, vous voici à Saint-Jean-Pied-de-Port, rendez-vous des randonneurs en chemin vers Compostelle.

Le pas est encore alerte, l'étape n'a pas été trop éprouvante.

La passerelle d'Holzarté, un fameux pont de singes.
(Photo L.-M. et Th. Blanchard)

La ville grouille de grosses chaussures et de sacs à dos.

Le souffle se fait plus court, les muscles des jambes sentent que l'on prend de l'altitude. Le col Bagargiak affiche 1 327 m. Vient ensuite la forêt d'Iraty, la plus grande hêtraie d'Europe. Sa traversée en automne émerveille. Sentez l'odeur de l'humus, voyez la trace laissée par le renard, le sanglier ou les « laminak », petits êtres mi-anges, mi-hommes qui hantent la forêt…

Place maintenant aux émotions plus fortes (un petit détour pittoresque d'une heure sur un hors GR®). Les forestiers ont construit sur l'Olhadubi, à son confluent avec le canyon d'Holzarté, une passerelle suspendue. Frisson garanti sur ce pont de singes qui domine de hautes falaises de calcaire.

Rencontre caprine au col de la Pierre-Saint-Martin.

En haut, à droite :
Atmosphère un peu irréelle sur le massif pyrénéen.

Page de droite :
en haut, à gauche :
Le pic du Midi-d'Ossau et le pic du Paradis dominent les estives.

en haut, à droite :
Arrivée des troupeaux sur l'estive de Bious, en vallée d'Ossau.

en bas :
Le chemin de la Mâture : une entreprise audacieuse du XVIIIe siècle conduite par Paul-Marie Leroy, ingénieur des ports et arsenaux de la marine.

Près du cayolar (cabane de berger) d'Anahou, une autre variante surplombe les gorges de la Kakouéta, découvertes en 1907 par Edouard-Alfred Martel, le « père de la spéléologie ». A l'époque où la moindre parcelle de terre était cultivée, on descendait après la moisson les sacs de grains du haut de la falaise jusqu'aux moulins construits au fond de la gorge. Même procédé pour remonter la farine...

La frontière espagnole est atteinte au col de la Pierre-Saint-Martin. Chaque 13 juillet, s'y déroule la « junte de Roncal ». Depuis 1375, année où fut signé le traité de Roncal, les troupeaux béarnais de la vallée de Barétous ont le droit de paître et de boire du côté de la vallée navarraise de Roncal, en Espagne. En contrepartie, la vallée de Barétous remet trois génisses « sans tache » (sans défaut) aux représentants de la vallée de Roncal. A la borne frontière 262, à la junte (assemblée) réunissant les jurats des deux vallées, on jure « pas aban » (la paix d'abord) en joignant les mains sur la borne.

Du col de la Pierre-Saint-Martin (1 760 m), panorama immense sur le massif du pic d'Anie. Le GR® 10 traverse ensuite les Arres (du basque *harrya*, la pierre) de Camplong. L'eau a lacéré, raviné, tailladé, crevassé ce grand plateau calcaire, un univers tout à fait extraordinaire. Pour peu que le brouillard s'en mêle, vous aurez l'impression de vivre une aventure sur une autre planète. Vous émergerez à Lescun, un village pour lequel les montagnards ont une affection particulière. Son vaste cirque de pics calcaires en a fait rêver plus d'un...

Après Etsaut, en vallée d'Aspe, le GR® 10 vous réserve un autre cheminement né du travail des hommes au XVIIIe siècle : le chemin de la mâture, taillé en 1772 dans la falaise au-dessus du Sescoué. Les troncs d'arbres coupés dans la forêt du Pacq devaient y glisser avant d'être déversés dans le gave. Beaucoup d'ouvriers y laissèrent leur vie, mais il fallait approvisionner en mâts la Marine royale !

A la cabane de la Baigt de Saint-Cours, entrée dans le Parc national des Pyrénées. Soufflez un peu pour savourer la vue : partout des pics, Aule, Ayous, Hourquette de Larry, pics de Sesques et du Capéran de Sesques. Au col d'Ayous, la colossale pyramide du pic du Midi d'Ossau surgit à l'horizon, avec, en contrebas, la chaîne des lacs. Pas facile à photographier ce pic, mais le paysage est si beau que vous attendez patiemment le moment où, enfin, il consentira à ôter son capuchon de brume.

Vue sur le pic du Midi-d'Ossau. Une variante – non balisée – du GR® 10 permet d'effectuer le tour du pic du Midi-d'Ossau (24 km), point de départ au lac de Bious-Artigues.

Le vautour fauve : on l'appelle aussi le « casseur d'os ». Il casse et mange en effet les os des charognes dont il débarrasse la montagne, évitant ainsi la propagation de maladies contagieuses. Une centaine de couples nichent dans la réserve naturelle d'Ossau.
(Photo André Mauxion)

« Pour moi, le pic du Midi d'Ossau est une montagne à part. C'est lui qui cristallise mes certitudes », déclare Joseph, berger à la cabane de Cap de Pount, au pied de la Pène de Peyreget. Avec sa compagne Anne, ils fabriquent un fromage Ossau-Iraty de grande qualité. Le pastoralisme est bien vivant dans la vallée d'Ossau.

Encore une séquence frisson avec le franchissement de la corniche des Alhas. Dominant la gorge du Soussouéou, le passage étroit, vertigineux pour certains, est équipé d'une main courante. Ouf !

Le GR® 10 part escalader les hautes Pyrénées, après avoir franchi le cirque du Litor, au-dessus duquel planent souvent des vautours fauves. Après Arrens, les lacs d'Estaing et d'Ilhéou, avant d'atteindre Cauterets où deux possibilités s'offrent pour gagner Luz-Saint-Sauveur : passer par le col de Riou (1 949 m) par un

Comment est né le pyrénéisme

Dès le XVIIe siècle, les bains de Barèges attirèrent les curistes.
Ramond de Carbonnières, illustre savant (naturaliste, botaniste, géologue et physicien !), secrétaire particulier du cardinal de Rohan depuis 1781, l'accompagna dans son exil à Barèges après l'affaire du collier de la reine. Tombé amoureux des Pyrénées, il fit sa première ascension du pic de Bigorre en août 1787. Ses écrits firent connaître les Pyrénées. Le pyrénéisme était né.
Dans les années 1825, à la faveur de l'élaboration d'une carte d'état-major, plusieurs autres sommets furent atteints. Les premières expéditions commencèrent, dont celle du Vignemale, qui fascinait Henry Russel, un personnage hors du commun. Il était fortuné, une idée lui vint : devenir propriétaire du Vignemale ! Il demanda en 1888 au préfet des Hautes-Pyrénées la concession du haut Vignemale. Accordée, pour 99 ans ! C'est ainsi que le syndicat de la vallée de Barèges n'a récupéré qu'en 1989 la jouissance du Vignemale. Il truffa le massif de sept grottes taillées dans le roc, dont une à 3 205 m, la « villa Russel ». Ahurissant !
Le GR® 10 passe aux grottes de Bellevue, au pied du glacier d'Ossoue.
Le Club alpin français fut créé en 1874, la fréquentation des Pyrénées était bien lancée. Les curistes affluaient dans les stations thermales, lançant la mode d'« excursionner » dans le massif.

sentier facile, praticable de mai à octobre, ou par un sentier, sans difficulté majeure entre le 14 juillet et le 30 septembre, mais demandant quand même un certain entraînement (névés, passages en corniche).

La beauté des sites traversés par le second itinéraire l'emporte. Mais prudence !

La réputation du lac de Gaube n'est plus à faire ; déjà à l'époque romantique, les curistes en séjour à Cauterets s'y rendaient : à pied pour les plus courageux, en chaise à porteurs pour les plus paresseux. Vous serez passé avant au célèbre pont d'Espagne, au confluent des gaves bouillonnants de Gaube et du Marcadau (beaucoup de monde en pleine saison sur ces deux sites).

Au refuge des Oulettes de Gaube, vue impressionnante sur la face nord du Vignemale (3 298 m). A la Hourquette d'Ossoue (2 734 m), col entre les vallées de Gaube et d'Ossoue, vue sur les sommes du cirque de Gavarnie. Si vous n'êtes pas sujet au vertige, vous pouvez faire en hors GR® l'ascension du petit Vignemale (3 032 m). Le grand Vignemale (3 298 m) est réservé aux alpinistes ou « enfants de Russel » comme on les surnomme parfois.

Pour la découverte de Gavarnie, deux possibilités : ou bien descendre jusqu'au village et emprunter le sentier qui approche au plus près du cirque, ou bien, si vous ne voulez pas vous transformer en chenille processionnaire – il y a foule en saison –, vous contenter de voir le site depuis le GR® 10, du mamelon dit Turoun de Tési ou plus loin du col de Superpeyre. Et comme Victor Hugo vous trouverez que *« tout est cyclopéen, vaste, stupéfiant »*. Ayez les jumelles à portée de main : après Trimbareilles, la vallée de Barrada, à l'est, abrite marmottes et isards.

Après une descente sur Barèges (1 240 m), montée progressive jusqu'au col de Madamète (2 509 m). Au sud, le col s'ouvre sur la réserve de Néouvielle.

« Paysage dégageant presque un sentiment d'irréel. La végétation étonne par son impression de robustesse : elle s'est adaptée aux rudes conditions climatiques. La bise et le froid ont laissé leurs stigmates : des végétaux rabougris, tortueux, plutôt bas, rugueux au toucher et pourtant si doux au regard.

Crêtes du cirque de Gavarnie, site classé au Patrimoine mondial de l'humanité par l'Unesco.

En haut, à gauche :
Après la traversée de grands éboulis et de névés, le randonneur grimpe par de larges lacets jusqu'à la Hourquette d'Ossoue (2 734 m).
Hourquette : terme pyrénéen pour désigner un col élevé.
(Photo L.-M. et Th. Blanchard)

Dans la réserve naturelle de Néouvielle. Elle couvre 2 313 ha à une altitude située entre 1 800 et 3 091 m.

Les couleurs s'entrechoquent : le gris des rochers se fond dans la masse bleu-vert des lacs, l'ensemble ponctué des tons chauds des azalées.

Les changements climatiques ne sont pas moins surprenants. Atmosphère aux airs d'apocalypse : le vent se fait soudainement plus nerveux, plus frais, une masse noire, basse, surprend les sommets déchiquetés. La descente sur le lac d'Oredon s'annonce tourmentée ! Il ne serait pas prudent de s'y aventurer. La sagesse nous incite à laisser l'orage poursuivre sa route, abrités par l'unique construction.

Le retour sur Orédon, quelques heures plus tard, est un déferlement d'odeurs et de lumières où nos sens ont du mal à remettre de l'ordre. Une subtile odeur de terre fraîche nous envahit…

Les laquettes ne semblent pas avoir été perturbées par le passage de l'orage, tout juste un léger frémissement dû aux queues d'Eole.

Les rochers se font plus mats, les contrastes s'accentuent. Les vaches, en pâture libre, se dégagent des arbres sous lesquels elles s'étaient réfugiées.

La descente se termine sous les frondaisons d'une pinède et puis, soudain, un écrin vert émeraude : le lac d'Orédon. » (Dominique)

Comme Dominique, vous pourrez être surpris par l'orage. La montagne, si belle sous le soleil, devient soudain hostile. Il est recommandé de fuir crêtes, sommets, blocs isolés et failles.

Après les lacs d'Aumar, d'Orédon (en hors GR®), le lac de l'Oule. Quel régal cette traversée de la réserve où s'entremêlent rochers, replats herbeux, pelouses, sapinières, pinèdes.

Parmi la faune qui l'habite, le crapaud accoucheur, l'euprocte des Pyrénées, sorte de triton datant de l'époque où la Corse et la Sardaigne étaient soudées aux Pyrénées. Sans oublier le desman, petit mammifère semi-aquatique, qui aime torrents et lacs pyrénéens. Petite boule de poils de 25 cm de long, il a une longue queue écailleuse et une trompe étonnante. Ses pattes arrière, armées de robustes griffes, lui servent de rames. Peu de chance de l'apercevoir le jour car c'est la nuit qu'il est le plus actif. Sa présence dans les eaux pyrénéennes est une garantie de leur pureté. Comment alors résister au plaisir de s'y ébrouer un peu ?

La réserve du Néouvielle est accessible de mai à octobre. L'hiver, les lacs s'endorment sous la glace et la nature se calfeutre sous la neige.

Après Melles, au col d'Auéran (2 176 m), le GR® pénètre en Ariège. Ecoutons Marceau Delrieu, l'un des créateurs du GR® 10 en Ariège : « *Chaque étape consiste à passer d'un fond de vallée à la vallée voisine, en donnant l'assaut au chaînon qui les sépare et en vue des grands massifs. Forêts, alpages, sites d'altitude, lacs et sommets se succèdent, égrenant le chapelet des belles Pyrénées ariégeoises. Pyrénées de transition entre le monde atlantique et le monde méditerranéen, avec un contraste saisissant à mi-course, au passage du formidable bourrelet des Bassiès.* »

Randonneur en montée vers le col d'Aubert.

De la Hourquette d'Aubert (2 498 m), vue sur le pic d'Astazou, le lac Nere et le lac Estagnol.

En haut, à droite :
Le lys martagon. Attention ! sa beauté cache un caractère vénéneux. On lui prête des vertus magiques : il ouvrirait les serrures et chasserait les démons.
(Photo L.-M. et Th. Blanchard)

Page de droite :
en haut, à gauche :
Beaucoup d'eau dans les Pyrénées, comme cette cascade bouillonnante.
(Photo L.-M. et Th. Blanchard)

en haut, à droite :
Le mont Valier : les Ariégeois l'appellent aussi le seigneur du Couserans. Sa réserve domaniale couvre 9 037 ha, dont 30 % de forêts.
(Photo L.-M. et Th. Blanchard)

en bas :
Grandeur des paysages pyrénéens : vue sur la montagne de Coumély depuis la vallée des Espécières.

Dans sa traversée du Couserans, le GR® 10 frôle la réserve domaniale du mont Valier (2 388 m) en vallée de Bonac et du Ribérot et la parcourt sur les communes de Bethmale et de Seix. Gérée par l'Office national des forêts, la réserve offre une grande diversité faunistique, dont des isards. Les meilleurs moments pour les observer : à partir de l'aube (pour profiter aussi du lever du soleil !) jusqu'au milieu de la matinée, ou en fin d'après-midi, quand ils se déplacent en quête de nourriture.

Un autre habitant des lieux, mais en très petit nombre : l'ours. L'Ariège fait partie de la zone où ont été réintroduits des ours de souche slovène. La population autochtone a pour territoire les vallées d'Aspe et d'Ossau et la haute vallée de Gavarnie. On parle d'échanges amoureux entre les deux populations... L'amour n'a pas de frontières ! Le sujet de l'ours est à aborder avec précaution : certains Pyrénéens sont pour, d'autres contre.

Deux communes traversées par le GR®, Aulus et Oust, s'étaient spécialisées, avec celles d'Ustou et Ercé, au début du XXe siècle, dans la profession de montreurs d'ours, les « oussaillés ». Il y eut même une école d'ours à Ercé. L'éducation du jeune ours était cruelle... Certains « oussaillés » finirent dévorés par leur élève devenu grand.

Pendant la saison d'estive, les troupeaux de moutons envahissent la montagne, se régalant de réglisse, nard ou gispet. Un vrai bonheur que le temps de pause près du troupeau, du berger et de ses chiens. *« Je suis heureux ici. Même si le métier est parfois éprouvant, je vis totalement dans la nature. Je peux observer le vautour fauve, le gypaète barbu, l'aigle, la bondrée apivore, le milan noir. »* (Christophe, berger en Ariège)

Autour de Mérens-les-Vals.

En haut, droite :
Gilles, le berger, et son chien Okapi mènent le troupeau.

Le paysage ariégeois garde les traces des anciennes pratiques pastorales. De temps à autre, une curieuse construction de pierre (granit ou schiste) : un orri. « Faire l'orri », c'était autrefois, de juin à septembre, vivre en montagne avec le troupeau.

Après Mérens-les-Vals, le GR® aborde les Pyrénées-Orientales par le col de la Coma d'Anyell (2470 m).

Après le plateau marécageux de la Têt, le lac des Bouillouses. Un barrage l'a transformé en un immense réservoir qui alimente les canaux d'irrigation et les usines hydroélectriques de la vallée du Têt. Et aussi le Train jaune, le train le plus haut d'Europe, qui relie Villefranche-de-Conflent à La Tour-de-Carol. Du lac part le sentier permettant l'ascension du pic de Carlit (2 924 m), le plus haut sommet du département.

Au col de Jou, le massif du Canigou s'annonce. Il resta longtemps inexploré. Jusqu'à la fin du XIXe siècle, seuls les habitants s'y risquaient pour ramasser du bois, chasser ou pêcher. La station thermale de Vernet-les-Bains fit venir les premiers « excursionnistes ». La construction du chalet-refuge du Club alpin français, à 2 150 m, achevée en 1889, constitua une base de départ pour l'ascension. Le sommet était sorti de l'anonymat ! A la Saint-Jean, les Catalans viennent y allumer des feux. Le sommet ruisselle de lumières et de chants.

Un hors GR® permet l'accès au sommet (2 591 m). Les randonneurs amateurs d'art roman catalan prendront, eux, au col de Ségalès, un sentier conduisant à l'abbaye de Saint-Martin-du-Canigou, posée sur son rocher à 1 094 m. La foi, dit-on, soulève les montagnes. Il fallut beaucoup de foi, et d'audace aussi, pour construire un tel édifice dans un tel lieu. Silence et quiétude mystérieuse imprègnent le site.

Le chemin va vous reprendre. Les créateurs du GR® 10 ont eu la bonne idée de lui faire traverser nombre de forêts. Quand le soleil estival tape, la fraîcheur et les odeurs des sous-bois

câlinent vos narines… L'eau fraîche de la gourde procure un réel plaisir.

Surprise au col du Perthus, plus exactement, au col de Panissards : des voyageurs l'ont franchi il y a bien longtemps. La via Domitia – qui reliait Rome à Cadix – passait par là ; les chars romains ont laissé dans le rocher de larges ornières. Hannibal y serait aussi passé avec ses éléphants…

La chaleur décuple les odeurs : pins laricio, chênes-lièges, fleurent bon la Méditerranée, toute proche. Les hommes ont donné au vignoble de Banyuls une architecture paysagère unique. Au soir de la dernière étape, dégustation permise ! Au pic de Sailfort (981 m), Collioure, Port-Vendres, Argelès et Banuyls posent pour la photo. Vous avez dit Banyuls ? Mais c'est là que se termine le périple !

Ombres et lumières sur la chaîne pyrénéenne au-dessus de Cosavy.

Les chevaux – ici race Mérens – estivent eux aussi.

La traversée de la Haute-Provence

par le Mont Ventoux

Dans la région de Gréolières, le lys martagon enroule ses pétales vers l'arrière, prenant ainsi des allures de turban.

« Ce beau sein rond est une colline : sa vieille terre ne porte que des vergers sombres. Au printemps, un amandier solitaire s'éclaire soudain d'un feu blanc, puis s'éteint. Du haut du ciel, le vent plonge ; la flèche de ses mains jointes fend les nuages. D'un coup de talon, il écrase les arbres et il remonte. Parfois, un aigle roux descend des Alpes, mais l'air des plaines proches ne le porte plus ; il nage à grands coups d'aile et il crie comme un oiseau naufragé. [...] De grands talus se chauffent au midi... Les lézards sont épais comme le bras. Ils dorment au soleil puis sautent, happent, et mâchent longuement des abeilles à goût de miel. Ils en pleurent des larmes d'or qui grésillent sur la pierre brûlante. »

Jean Giono, *Manosque des plateaux*, © Editions Gallimard.

L'érosion a ciselé le massif des Dentelles de Montmirail où chênes verts, pins d'Alep et plantes aromatiques fleurent bon la Provence.

Après sa traversée par monts et par vaux du Massif central, le GR® 4 se repose un peu dans la vallée du Rhône, franchit le fleuve à Pont-Saint-Esprit, puis le canal de Donzère-Mondragon, avant de musarder dans le vignoble et quel vignoble ! Ici s'élaborent de somptueux vins des Côtes du Rhône. Le moment des vendanges venu, beaucoup d'ambiance dans les villages de Cairanne, Sainte-Cécile-les-Vignes, Roaix, Rasteau, Séguret. Comment sera le cru de l'année ? Il faut s'arracher aux pronostics pour gagner Malaucène, avec auparavant, un

Le soleil levant affleure les vignes à Cairanne ; en fond, le Ventoux s'éveille...

Topo-guide® FFRandonnée / GR® 4

- La Haute-Provence par les gorges du Verdon, Grasse/Pont-Saint-Esprit (410 km), réf. 401

aperçu des Dentelles de Montmirail dont les falaises, tantôt plissements, tantôt aiguilles, lancent vers le ciel une belle forteresse de calcaire.

Arrive le moment tant attendu d'affronter le mont Ventoux. Dénivelée : 1 600 m ! Les Celtes l'appelaient déjà *ven* (la montagne repère) et aussi *ven top*, la montagne blanche, on verra pourquoi plus loin. Géant de Provence ou Olympe des félibres, c'est un sommet quasi mythique pour les Provençaux. Il domine le Comtat venaissin du haut de ses 1 909 m.

Le photographe s'est levé tôt ce matin-là, mais il voulait surprendre l'aube sur l'un des panoramas embrasés depuis le mont Ventoux.

Le pastoralisme se pratique toujours sur les pentes du mont Ventoux qui, autrefois, fut un immense pâturage très peu boisé.

Au printemps, les vergers en fleurs de la plaine et le sommet du Ventoux encore emmitouflé de neige composent un décor de Fuji Yama. En été, une calotte blanche, formée par le pierrier calcaire, recouvre son sommet et descend jusqu'à 1 500 m environ. Les alternances de gel et de dégel, les précipitations fréquentes, la dissolution du calcaire lors de la fonte des neiges, ont participé à la formation de cette immensité de caillasses qui donne un paysage tout à fait surprenant. Là, c'est le surnom de mont Chauve qui s'applique. Quelques arbrisseaux et des espèces de la flore alpine se sont installés ici. Meilleure période pour découvrir la flore : première quinzaine de juillet. En hiver, le Ventoux s'habille de neige pendant cinq mois environ ; ses pentes deviennent alors le domaine des skieurs.

L'entomologiste Jean-Henri Fabre, qui passa une grande partie de sa vie dans le Vaucluse, parle ainsi de la végétation du mont Ventoux dans son ouvrage Souvenirs entomologiques, paru en 1879-1882 : « *[...] au sommet, couvert de neige au moins la moitié de l'année, le sol se couvre d'une flore boréale, empruntée en partie aux plages des terres arctiques. [...] Au départ vos pieds foulent des touffes balsamiques du thym qui forme un tapis continu sur les croupes inférieures ; dans quelques heures ils fouleront les sombres coussinets de la saxifrage à feuilles*

opposées, la première plante qui s'offre au botaniste débarquant en juillet sur le rivage du Spitzberg. En bas, dans les haies, vous avez récolté les fleurs écarlates du grenadier, ami du ciel africain ; là-haut, vous récolterez un petit pavot velu qui abrite ses tiges sous une couverture de menus débris pierreux, et déploie sa corolle jaune dans les solitudes glacées du Groenland et du cap Nord, comme sur les pentes terminales du Ventoux. »

Sur le massif, long de 24 km et large de 10 à 16 km, différents climats se rencontrent suivant les versants et le vent y est roi, d'où son autre surnom de « père du mistral ». Celui-ci peut y atteindre 250 km/heure. C'est le col des Tempêtes, le bien nommé (1 829 m) qui détient le record de France avec 300 km/heure. Le GR® 4 y passe, mais rassurez-vous, le phénomène est exceptionnel. Attendez-vous cependant à avoir du vent – parfois du brouillard – au sommet et une température affichant 11 °C de moins que dans la plaine.

Et si vous voyez le ciel se couvrir de nuages, regardez bien : vous allez peut-être apercevoir la lavandière de la légende locale qui bat son linge à grands coups de battoir, faisant venir la tempête et le mistral.

Vue sur le mont Ventoux depuis les hauts de Ferrassières.

Vieux toits à Oppedette, village en surplomb des gorges creusées par le Calavon.

En haut, à droite :
La lavande, implantée en Provence dès l'Antiquité, fut mise en culture dans les années 1920. Avant, seuls les bergers et les vieux Provençaux connaissaient ses bienfaits, l'utilisant comme décontractant, cicatrisant, anti-inflammatoire. On frictionnait la nuque et les cheveux des « pitchouns » avec de l'essence de lavande pour les préserver des poux. Et on préservait les chiens des puces en les faisant coucher sur de la paille de lavande.

Page de droite :
en haut, à droite :
Moulin à Montfuron. Où est passé maître Cornille ?

en bas :
Une brise légère s'amuse avec les épis.

« Sur le but sommet est le but suprême. Tout le monde veut y parvenir ; mais comme dit Ovide, vouloir est peu ; il faut pour triompher, désirer passionnément. »

C'est à Pétrarque, poète et humaniste italien, que l'on doit ces phrases écrites à un moine toscan, son ami et confident, après avoir gravi le mont Ventoux, un beau jour d'avril... 1336.

La halte au sommet, que vous avez désirée vous aussi passionnément, vous époustouflera, s'il fait grand beau, par le panorama embrasé : le Luberon, les Cévennes, les Alpilles, la montagne Sainte-Victoire, Marseille et les collines de l'Estaque, les grandes Alpes du Dauphiné, etc.

Vous n'avez pas peur du froid ? Alors, rendez-vous demain au petit matin pour le lever du soleil. Prodigieux !

Encore ébloui par la palette des couleurs, vous allez redescendre vers Sault et le plateau du Vaucluse. Les champs hérissés de lavande alternent avec les champs de céréales, subtil patchwork coupé de temps en temps par le vert des arbres et la silhouette trapue des mas. On cultive ici une céréale remise au goût du jour il y a une dizaine d'années : le petit épeautre ou engrain (*Triticum monococcum*) dont les premières traces de culture se situeraient vers 9 000 ans avant J.-C. ! Il se déguste sucré ou salé. Sa soupe fait partie des traditions culinaires du pays de Sault. Pourquoi ne pas y goûter, d'autant que la Faculté lui reconnaît de grandes qualités nutritives ?

Les villages s'égrènent : Simiane-la-Rotonde, Oppedette, célèbre pour ses gorges, Céreste, Montjustin. Prenez le temps d'y flâner, d'y prendre un verre à l'ombre des platanes et d'observer la vie autour de vous. Si vous voulez voir du monde en été, choisissez plutôt la fin de l'après-midi, car aux heures chaudes de la journée, la sieste, c'est sacré ! Vous ferez bien de vous mettre en chemin très tôt le matin, vous réservant vous aussi un temps de repos à l'ombre d'un arbre. En Provence, on dit « se faire une pausette ». Instant si délicieux que celui où, en pleine nature, vous sentez peu à peu le sommeil vous gagner, dans le doux parfum des touffes de farigoule...

Les platanes : plantés en bordure des routes, hommes et attelage d'autrefois appréciaient leur ombre bienfaisante au plus chaud de l'été, tout comme on 'apprécie toujours aujourd'hui sur les places des villages ou dans la cour des mas.

En haut, à droite :
C'est du Mont d'Or que le vieux Manosque se découvre le mieux. Jean Giono, qui y était né, écrivait que les toitures étaient « agencées les unes aux autres comme les plaques d'une armure ».

Page de droite :
en haut, à gauche :
Les coupeurs de lavande, à l'heure de la sieste, s'installaient près du « bourras », carré de toile qu'ils nouaient autour des reins et d'une épaule pour mettre la lavande. Aucune mouche ne venait troubler leur sommeil !

en haut, à droite :
Sainte-Croix-du-Verdon contemple le lac du barrage, immense plan d'eau de 2 200 ha.

en bas :
Les gorges sont l'œuvre du travail fantastique des eaux du Verdon qui, avant d'être assagies par cinq barrages, pouvaient se transformer en un torrent impétueux dont le débit atteignait parfois plus de 500 m^3/seconde en quelques heures.

A ne pas manquer non plus : les marchés qui envahissent places et ruelles. Couleurs et senteurs s'y mêlent harmonieusement, dans une ambiance chaleureuse. Odeurs des olives parfumées aux herbes, de la tapenade au basilic, des fruits, fromages, miels, huile d'olive, lavande. Toute la Provence est sur les étals... et dans une poche du sac à dos pour les petits en-cas ! Chemin faisant, vous arriverez à Manosque après avoir traversé la Durance, dont Jean Giono disait qu'elle *« est dans la plaine comme une branche de figuier. Souple, en bois gris, elle est là, sur les prés et les labours, tressée autour des islettes blanches »*. Après la ville thermale de Gréoux-les-Bains, vous affleurerez le vaste plateau de Valensole où là aussi, la blondeur des céréales rivalise avec le bleu violet des lavandins frissonnants du vol des abeilles. Comme les ovins et bovins, les abeilles transhument. Le plateau accueille 20 % des ruches de l'extérieur. Les amandiers s'y plaisent aussi, d'où la fabrication locale de nougats, calissons, etc. Excellents pour se redonner du tonus...

Après vous être rafraîchi ou réchauffé, suivant la température ambiante, à Moustiers-Sainte-Marie – vous aurez certainement été tenté par la célèbre faïence, mais une soupière, cela pèse dans le sac à dos ! – départ pour les gorges du Verdon. Vous les atteindrez véritablement après la Palud-sur-Verdon, par la route jusqu'au chalet de la Maline, avec plusieurs belvédères ménageant des vues impressionnantes sur la rivière. Si votre découpage d'étapes vous le permet, prenez le temps de visiter à la Palud la Maison des Gorges du Verdon, une façon de vous imprégner de l'environnement naturel et humain des gorges. Pour moi, la visite fut passionnante. Le Verdon prend sa source en Haute-Provence, près du col d'Allos et, après un parcours long de 175 km, se jette dans la Durance au sud de Manosque. Son caractère torrentiel a été assagi par plusieurs barrages, dont celui de Sainte-Croix, construit en 1974.

Le grand canyon, entre Rougon et Aiguines se faufile sur 21 km entre des falaises calcaires hautes par endroits de 700 m. Au fil du temps il a creusé marmites, vasques, baumes (grottes), poli des galets... Sa couleur ? le plus souvent un vert émeraude, fruit de la réaction d'une micro-algue avec le fluor. Je l'ai vu un jour après un violent orage, ses eaux devinrent jaunâtres mais le lendemain la couleur émeraude sertissait de nouveau ses eaux.

Les gorges du Verdon composent le plus grand canyon d'Europe. E.-A. Martel écrivait : « C'est vingt fois qu'il faudrait parcourir ce canyon pour oser dire qu'on l'a vu. »

Le sentier Martel part du chalet de la Maline ; le GR® 4 l'emprunte jusqu'au Point Sublime. L'étape correspond à près de 7 heures de marche, sans les pauses. Et vous en ferez, tant vous allez être pris par la beauté des endroits parcourus. Prudence oblige, vous aurez lu auparavant toutes les consignes de sécurité dans le topo-guide, rappelées sur place par de nombreux panneaux, et pris vos précautions pour le ravitaillement (beaucoup d'eau si vous y êtes en plein été).

L'éclairage personnel recommandé ne sera pas superflu pour le parcours des différents tunnels, tout comme de bonnes chaussures pour monter ou descendre les escaliers métalliques. Le parcours est jalonné de lieux-dits dont un, le Pré d'Issane, véritable oasis de verdure dans ce monde minéral, intrigue… Pourquoi ce nom ? Jadis, les moindres parcelles fertiles étaient utilisées, même celles situées au fond des gorges, tout comme les corniches, jardins suspendus exemptés d'impôt… Roger Verdegen, un amoureux des gorges du Verdon, les appelle « les jardins de la famine » dans son ouvrage *Extraordinaire Canyon et merveilleux Verdon.*

A la sortie des tunnels, vous serez à chaque fois ébloui par la lumière qui habille les falaises de gris, d'ocre, de beige. Sur le versant exposé plein sud des falaises (l'adret) s'accroche une végétation méditerranéenne : chênes verts, chênes pubescents, amélanchiers, genévriers, sumacs, pistachiers, et aussi le buis. Ce buis qu'autrefois, l'automne venu, les habitants de la région venaient

Le découvreur des gorges du Verdon : Edouard-Alfred Martel

Né en 1859, E.-A. Martel se passionne très tôt pour la géographie et rêve de courses en montagne, de découvertes et d'explorations souterraines.
Dès 1888, il découvre des sites comme Bramabiau, Padirac.
En 1895, il fonde la Société de spéléologie.
En 1905, le ministère de l'Agriculture, dans le cadre d'une étude sur les possibilités d'accroître les ressources en eau potable et en irrigation de la région, lui confie le soin d'explorer les gorges du Verdon. Isidore Blanc, instituteur à Rougon, fait partie de l'expédition qui *« descendit dans le lit du torrent pour n' en ressortir que dans la plaine, après trois jours et trois nuits de fatigues et de dangers (11-14 août 1905) »* (revue du Touring Club de France, août 1930).
C'est effectivement en 1930, après cinq années de travaux, que fut inauguré le sentier reliant la Maline à Rougon, par le Touring Club de France, dont E.-A. Martel était administrateur.
Toujours dans ce même numéro :
« Ce sentier qui nous semble si facile, il a fallu le tracer, ici le débarrasser des roches qui l' obstruaient, là lui trouver une voie à travers les lapiaz et l' abriter des éboulements dangereux. Plus loin, il a fallu l' étayer, diminuer les pentes par des lacets aux virages artistement combinés, corriger ailleurs par des escaliers des escarpements trop verticaux. »

Le lac de Sainte-Croix, paradis des amateurs de sports nautiques.

Entrevaux : cité fortifiée par Vauban. Lorsque le soleil est très chaud, il fait bon flâner dans ses ruelles, impeccablement entretenues. Le dénivelé est sévère pour accéder à la citadelle, mais la vue embrasée du haut mérite ce petit effort.

En haut, à droite :
L'olivier peut vivre plusieurs centaines d'années. Madame de Sévigné écrivait à sa fille : « Je ne saurais vous plaindre de n'avoir pas de beurre en Provence puisque vous avez de l'huile admirable. »

couper au fond des gorges au prix d'exercices périlleux. Ils entreposaient leurs coupes dans les baumes pour les faire sécher. Remonté au printemps, ce bois servait entre autres choses à la fabrication de boules cloutées, dont le village d'Aiguines s'était fait une spécialité (musée des tourneurs ouvert en juillet et août).

Exercices périlleux aussi pour récolter le miel (le sucre d'alors), les abeilles s'étant installées dans les trous des parois rocheuses. Pour soigner les maux de gorge, on sucrait avec du miel la tisane de ronces.

Les corniches et les anfractuosités des parois favorisent la nidification de rapaces comme l'aigle royal, le grand duc ou le vautour fauve, réintroduit dans les gorges depuis 1999. Il a fallu s'assurer auparavant que les pertes dans le cheptel des brebis seraient suffisantes pour assurer la survie de ce charognard. Eleveurs et responsables du programme de réintroduction coopèrent pour acheminer les ovins morts vers les zones de nourrissage.

Entre Rougon et Castellane votre œil remarquera les Cadières de Brandis, impressionnantes falaises dolomitiques. A Castellane, hissez-vous jusqu'à la chapelle Notre-Dame-du-Roc pour jouir de la vue sur les toits de la vieille ville, le Verdon et les montagnes environnantes.

Le GR® joue avec l'altitude : 724 m à Castellane, 1 650 m au col de Vauplane, vaste replat herbeux que les fleurs envahissent au printemps : anémones et renoncules des Alpes, tulipes des montagnes, etc. ; 1 278 m au col de Saint-Jeannet, et 480 m à Entrevaux. La ville, où Vauban s'est illustré, s'étire sur la rive gauche du Var. Les jambes ne sont pas trop fatiguées ? Alors, montez jusqu'à la citadelle, une demi-heure par une calade (chemin recouvert de pierres) et vous aurez de là-haut une jolie vue sur la cité et les terrasses plantées d'oliviers. L'olivier ! L'arbre de la Provence. Les vieux oliviers, ceux dont le tronc tourmenté et crevassé porte les rides de tant et tant d'années, m'inspirent un tendre respect. Ils ne veulent pas mourir et continuent à arborer leur feuillage, mystère de l'olivier…

En sortant d'Entrevaux, le GR® 4 se lance vers les Préalpes de Grasse et court sur la montagne de Gourdan, la montagne de Charamel et celle du Cheiron, avant de traverser deux plateaux qui ne manquent pas de séduire les randonneurs par leur

L'eau et le calcaire ont façonné un étrange paysage sur les plateaux de Calern et de Caussols.

caractère quasi lunaire : le plateau de Calern et le plateau de Caussols, parsemés de dolines, petites cuvettes remplies de terre, et de lapiés, cannelures formées par les écoulements des eaux dans le calcaire.

Sur ces plateaux karstiques, soumis à l'influence des climats montagnard et méditerranéen, la diversité biologique est grande. Les orchidées, comme l'orchis bouffon, ont trouvé là une pelouse à leur goût, tout comme des espèces animales parmi lesquelles le criquet hérisson, le bruant ortolan, le circaète jean-le-blanc, etc. Le microclimat des éboulis et les lapiés favorisent la pousse de fleurs comme la primevère marginée, le lis de Pompone, etc. On trouve sur ces causses des constructions en pierres sèches, les bories, abris qu'utilisaient bergers et paysans et qui auraient pu abriter des Vaudois qui fuyaient l'Inquisition.

L'air est ici particulièrement pur, le ciel bien dégagé, c'est pourquoi on y a implanté un observatoire. Alors offrez-vous, avant de gagner Grasse, le bonheur d'une nuit sous les étoiles. Blotti dans le sac de couchage, vous identifierez la Polaire, la Petite Ourse, la Grande Ourse, avant de sombrer dans un doux sommeil…

La traversée de la Montagne Corse

du Nord au Sud

« Je plie, et ne romps pas »
semble dire cet arbre dont
le vent a transformé la ramure
en une singulière chevelure.

« Les paysages retiennent de façon permanente le regard et l'attention du randonneur. Cependant, il est des instants privilégiés où les rencontres provoquent une véritable émotion. Au petit matin, alors que les mains et les pieds sont attentifs à ne pas écraser les touffes étoilées de blanc de l'immortelle des frimas, dans les fissures des dalles de la Muvrella, l'éclat des fleurs du lis orangé, en bordure du passage nous arrête. Les fleurs s'épanouissent comme autant de soleils dans cet univers minéral. Nous retrouverons ce beau lis à plusieurs reprises, parfois prisonnier de l'inextricable maquis. Sous le refuge d'Altore, la recherche d'une source nous fait découvrir l'ancolie de Bernard. Mais c'est au pied du cirque de la Solitude que la corolle bleu pâle superbe et délicate de cette plante témoigne le mieux de son opiniâtreté de vivre. Sur les bords du grand lac du Rotondo, parmi les roches émiettées par le gel et le dégel, le soleil éclabousse le rouge éclatant d'une touffe d'orchidées. »

Gabrielle et Charles Avocat, « Randonnée GR® », février 1980.

La citadelle et la baie de Calvi. Le départ sur le GR® 20 approche...

« Faire » le GR® 20, un rêve accompli pour certains randonneurs et à venir pour d'autres. « Faire », un verbe quelque peu simpliste pour un itinéraire de haute montagne, réservé à ceux et à celles qui ont déjà un solide entraînement, l'expérience de la montagne et une bonne condition physique. Chaque année, douze mille à quinze mille randonneurs accourus de toute l'Europe tentent l'aventure. Beaucoup rebroussent chemin au bout de quelques étapes, certains à la première étape !

L'itinéraire de Calenzana à Conca (sens nord-sud) a été découpé en 15 étapes. Environ 200 km, 92 heures de marche, 10 500 m de dénivelée (montée et descente) et plusieurs passages à plus de 2 000 m. Le GR® 20 entre dans le Parc naturel

régional de Corse près du col de Bocca a u Bazzichellu, et ne sort du territoire du parc qu'avant l'arrivée à Conca. Le parc, créé en 1972, couvre près des deux tiers de l'île. Sur le parcours du GR® 20, les refuges du parc, ouverts toute l'année, sont gardés de juin à octobre. Ce sont les agents du parc qui assurent l'entretien du balisage blanc-rouge.

Topo-guide® FFRandonnée / GR® 20

- A travers la Montagne Corse, Calenzana/Conca (200 km), réf. 067

Disponible également en e-topo®

Le bâton est un bon compagnon pour ces randonneurs au Haut Asco.

Le topo-guide de la FFRandonnée conseille sur l'équipement, les hébergements, les meilleures périodes (éviter de préférence juillet et août), etc.

En vous lançant dans l'aventure du GR® 20, vous allez avoir l'occasion de vérifier le bon état des articulations de vos genoux, car ils vont affronter pentes ardues, descentes cassantes, dalles, barres rocheuses, éboulis, rocailles, etc. Priorité donc dans votre équipement à de bonnes chaussures que vous aurez « rôdées » avant. Je n'ai pas, personnellement, « fait » le GR® 20, seulement quelques tronçons, ayant essentiellement randonné sur des itinéraires non encore balisés à l'époque. Mais nous avions le meilleur des guides : Michel Fabrikant, à qui, en 1970, la direction départementale de l'Agriculture et le Comité national des sentiers de grande randonnée avaient confié le soin de réaliser un itinéraire de traversée de la Corse en suivant la ligne de partage des eaux. Le GR® 20, c'est à lui et à l'équipe qui l'entourait que les randonneurs le doivent. Amoureux de l'île, il l'avait parcourue en long et en large, annotant soigneusement son petit carnet. Le refuge de Petra Piana, porte aussi son nom. Son amour de la Corse, il nous le fit partager.

Sachez que selon le Guide Adolphe Joanne, Provence-Corse-Alpes-Maritimes, publié par Hachette en 1877, *« les chemins sont bons, bien entretenus et sans poussière, grâce à la nature granitique du sol »* !

Pour moi, la Corse, ce fut d'abord une odeur, celle du maquis. Mélange subtil du parfum de miel des bruyères arborescentes, parfum un peu poivré des myrtes, senteur fraîche de la lavande stoechas, odeur résineuse des lentisques. S'y mêlent le chêne vert, le genévrier oxydèdre dont on récolte les baies, appréciées aussi par le renard et le merle ; l'arbousier, l'« arbre à fraises » ; et bien sûr les cistes : cistes de Montpellier, cistes à feuilles de sauge (fleurs blanches) et cistes velus (fleurs roses). C'est au printemps que s'épanouissent leurs fragiles corolles, hélas éphémères, qui font penser à du papier crépon.

Mon odorat garde encore les senteurs de la végétation bordant le cheminement entre Bocca a Croce et Girolata (accessible uniquement à pied ou par bateau), qui fait maintenant partie des itinéraires « Entre mer et montagne » balisés par le parc. Vous tentez d'identifier les odeurs, mais le maquis ne se livre pas, il garde le secret de son enivrante fragrance.

Parmi les espèces odorantes corses, figure aussi l'aulne odorant (u bassu), qui pousse au-dessus de la limite des forêts. Il exhale un délicat parfum de violette. Il a l'avantage de stabiliser les terrains de montagne, mais lorsqu'il couvre certains passages, les genoux du randonneur ne l'apprécient pas et son odeur s'accroche !

La Corse, ce fut aussi pour moi la découverte de l'extraordinaire symphonie entre le minéral (calcaire, granit, schiste, « roches vertes »), le végétal (maquis, forêts – c'est l'île méditerranéenne la plus boisée) et l'eau (torrents, ruisseaux, vasques, cascades, lacs). Ce n'est pas être excessif que de dire que les paysages corses sont beaux à couper le souffle.

Un ami, Pascal, a parcouru le GR® 20 en totalité avec sa compagne Annie. Ils ont bien voulu nous faire partager leurs impressions sur plusieurs temps forts de l'itinéraire, et j'y ai mêlé les miennes :

- La passerelle de Spasimata (2e étape)

Longue de 31 m, portée par des câbles d'acier, elle est tendue à une quinzaine de mètres au-dessus d'un ruisseau à l'entrée des gorges conduisant à la Muvrella. Elle impressionne plus d'un randonneur...

« *La passerelle dégage un petit parfum d'aventure, même si on s'y engage sans appréhension. Elle projette son ombre sur le ruisseau. Les mains empoignent les deux câbles d'acier servant de main courante, la passerelle est prise de tremblante dès que l'on pose un pied dessus. On fait attention de bien mettre ses pas sur les planches. Trente mètres à parcourir. On avance entre balancement et légers mouvements de ressort. De grands jours entre les planches laissent voir l'eau et les rochers en contrebas. Sous la passerelle, ce jour-là, des baigneurs s'ébrouent dans une vasque d'eau, donnant un petit air balnéaire à la scène.* » (Pascal)

La passerelle de Spasimata : « Elle m'a donné l'illusion de vivre un moment d'aventure dans la jungle, la végétation luxuriante en moins. Le balancement de la passerelle et l'espace entre les planches entretenaient cette impression » Annie.
(Photo L.-M. et Th. Blanchard)

Les géologues apprécient certainement l'environnement au cirque de la Solitude.

En haut, à droite :
Arrivée au col Perdu (ou Bocca Tumasginesca) avec vue sur le cirque de la Solitude.

Page de droite :
en haut, à gauche :
Dans la forêt de Valdu-Niellu.

en haut, à droite :
Fin de journée au col des Maures.

en bas :
Randonneurs en plein effort dans le cirque de la Solitude.

- E Cascettoni ou cirque de la Solitude (4e étape)

« L'un des sites les plus secrets et les plus sauvages de la haute montagne corse, au pied de l'impressionnante face ouest de la Punta Minuta. » (Michel Fabrikant) *« Qu'on le veuille ou non, le passage du cirque de la Solitude est dans les esprits de tous les prétendants du GR® 20. C'est le morceau de bravoure du parcours. Celui qui en fait reculer plus d'un – ils font demi-tour – et douter bien d'autres. On y pense avant le départ. On y pense fort la veille. On ne pense qu'à ça dans la montée de Bocca Tumasginesca (col Perdu : 2 183 m), porte d'entrée du site.*

Au sommet, un groupe de randonneurs forme un bouchon. C'est qu'on y réfléchit à deux fois avant de plonger dans le cirque de la Solitude. Les regards en disent long sur ce qui se passe dans les têtes. Et même si on fait le fier-à-bras, une petite boule d'angoisse noue la gorge. Véritable forteresse minérale, la montagne dévale ici à l'abrupt, sévère, semée d'éboulis. Des barres rocheuses sont équipées en échelles et mains courantes. Chacun cherche la trajectoire idéale. Observe comment s'en sortent ceux qui sont déjà dans la pente. La présence de chaînes de sécurité, plutôt que de rassurer, ajoute à l'inquiétude. C'est parti !

Sac à dos calé, bien planté sur les jambes, on progresse à petits pas au début. On empoigne une chaîne, dos tourné au vide. Les jambes flageolent un peu. Il faut bien assurer ses prises de main. Tâtonner pour poser les pieds. La concentration est telle qu'on en oublie la pente vertigineuse. Surprise, ça se passe plus facilement que prévu. Assis au fond du cirque, on contemple les 200 mètres de dégringolade effectuée. Avec un petit soupir de soulagement. On attaque alors la rude remontée sur Bocca Minuta (2 218 m) à travers de gros rochers. Franchissement d'une échelle à laquelle un facétieux a chapardé le premier barreau. Puis des chaînes en série nous aident à traverser de grosses dalles. Fourbu et baigné de sueur, on s'extrait enfin du cirque de la Solitude. » (Pascal)

Variante près de Callacuccia, accessible depuis le GR® 20 (topo-guide FFRandonnée Corse, entre mer et montagne, Parc naturel régional de Corse, Mare e Monti/Mare a Mare).

Randonneurs sur une variante du GR® 20 près du Lavu di Ninu (lac de Nino) entre Bocca à Reta et Bocca à Stazzona.

- Les rives du Golo (6e étape)

C'est là que j'ai le mieux ressenti la beauté de l'alliance du minéral, du végétal et de l'eau. Après sa descente du refuge de Ciottulu à i Mori, le GR® longe les rives du Golo qui se faufile entre les roches, se noie dans des vasques d'eau transparente, s'enfile dans un chaos rocheux pour atteindre la cascade de Radule, et continuer son cours.

Plus loin, de beaux spécimens de pins laricio. Endémique de l'île, cet arbre peut atteindre 50 m de hauteur. Sa belle silhouette est indissociable des paysages corses. C'est l'arbre préféré de la sittelle corse, qui parvient à creuser un trou dans les arbres morts pour y pondre ses œufs.

La Méditerranée se dévoile depuis le col des Maures.

Flore et ethnobotanique

La flore corse est riche de plus de deux mille espèces et sous-espèces indigènes. J'ai voulu en savoir plus et en consultant Internet, j'ai découvert le texte d'une conférence donnée à Cervioni en avril 1981, au nom de l'Association pour l'étude écologique du maquis, par la célèbre botaniste Marcelle Conrad. Conférence axée sur l'utilisation des plantes par les Corses. Autrefois, dit-elle, *« on faisait de l' ethnobotanique sans le savoir »,* ajoutant *« j' ai appris beaucoup de choses par des grands-mères de nos villages et par des bergers... de ces vieux bergers qui ont tant vécu dans la nature... »*

Ci-après, quelques citations extraites de sa conférence : Un remède utile au randonneur :

« Un lichen, qui pousse sur un sapin, était utilisé contre la transpiration des pieds. Les gens de Galeria allaient en faire provision dans la forêt de Filosorma. Ce lichen était mis dans les chaussures et renouvelé chaque jour. On sait aujourd' hui que ce lichen, une usnée, élabore un principe antibiotique. »

Plus loin : *« La hampe florale de l' asphodèle était utilisée pour éclairer les villages lorsqu' on se déplaçait les nuits sans lune. J' ai vu, il y a cinquante ans, des petits morceaux de cette tige trempés dans de l' huile d' olive et allumés sur les tombes la nuit de la Toussaint. [...] Les tubercules cuits sont comestibles. Celui de l' année n' est pas mauvais du tout. Les autres sont trop fibreux. »*

A propos de l'hellébore de Corse : *« Servait pour tuer le nerf d' une dent malade. Les bergers en nettoyaient les plaies des animaux pour éviter les larves. »*

Lutte biologique avant l'heure : *« L' inule visqueuse abrite un petit insecte qui mange la mouche de l' olivier. Il y a quarante ans, dans le Filosorma, un vieux berger me disait qu' il conservait les inules pour que ses oliviers ne soient pas parasités. »*

Une plante magique : la pimprenelle, *« la plante qui rend intelligent, contient beaucoup de phosphore ».*

Une autre encore, le romarin, excellente aussi pour le randonneur : *« Une décoction de romarin, prise à la température de la pièce chaque matin, donne beaucoup de dynamisme, beaucoup d' euphorie. »*

Et enfin avec le sapin blanc : *« Sa résine servait à faire des emplâtres chauds contre les rhumatismes. »*

Le fruit du figuier de Barbarie est aussi savoureux que les épines de ses raquettes sont piquantes !

Le lac de Nino : « Le lac apparaît un peu plus bas. L'un des lieux les plus sauvages que j'aie jamais découverts. Cochons, chevaux, vaches, s'ébattent là en toute liberté. Je descends à grandes enjambées vers cet écrin moelleux de verdure... véritable invitation à la paresse » Annie.

A droite :
Lavu di Ninu : lac de Nino.

- Lavu di Ninu ou lac de Nino (6e ou 7e étape si vous vous êtes arrêté au Castel de Vergio)

« Fatigue des mauvais jours. Les jambes sont en coton. La crête de Serra San Tumasgiu (1 883 m) est casse-pattes, tortueuse, interminable. Le lac de Nino se dessine en contrebas, niché dans son écrin de verdure. Tout autour, broutant l'herbe tendre au milieu des pozzines, vaches, chevaux et cochons restent indifférents aux randonneurs qui passent. Le vert du site tranche avec la montagne environnante. Des ruisselets se tortillent à travers les grasses pelouses. On dirait un morceau d'Irlande égaré en terre corse. » (Pascal)

Pascal parle de ces étonnants promeneurs dans la montagne corse : les cochons. Le vrai cochon corse a des allures de sanglier. Des croisements ont été opérés avec des races venues du continent. Résultat : on trouve aussi des porcs bicolores. Ils ont l'air bien sympathiques. Mieux vaut cependant s'en méfier et ne pas les approcher de trop près, surtout lorsqu'une mère allaite ses petits. Il est recommandé aux randonneurs campeurs de ne rien laisser traîner. L'animal a vite fait de retourner un sac et de le vider, y compris le dentifrice ! Ils peuvent aussi vous faire une petite visite dans la tente !

Ils arrêteront un jour leurs facéties pour donner l'excellente charcuterie que l'on sait.

Les pozzines

« Le terme a été introduit dans la littérature scientifique par le botaniste Briquet en 1910 pour désigner des formations végétales très hygrophiles de la haute montagne corse. Le mot est formé à partir de pozzi (puits en corse) et alpine (de végétation alpine)*. »
Elles forment autour du lac Nino un étrange paysage, fait de pelouses herbeuses auxquelles les ruisselets ont donné des formes diverses, comme un gigantesque puzzle. Le milieu est fragile et ne doit surtout pas être piétiné. Un autre site de pozzines : après le Monte Rinosu (11e étape), celui d'I Pozzi.

* Site Internet du Parc naturel régional de Corse.

Pause contemplative à la Punta Muratellu.

En haut, à droite :
Au-dessus de Vivario (topo-guide FFRandonnée Corse, entre mer et montagne, Parc naturel régional de Corse, Mare e Monti/Mare a Mare).

Page de droite :
en haut, à gauche :
Vue sur le lac de Capitellu.

en haut, à droite :
A la Punta Muratellu.

en bas :
Le lac de Capitellu.

- Les lacs de Capitellu et Melu (7e étape)

« La montée jusqu'à la brèche de Capitellu est physiquement éprouvante. Il faut franchir des paliers successifs qui donnent autant de faux espoirs. Tout là-haut, la brèche en forme de petite lucarne se fait désirer. Mais le spectacle vaut tous les efforts du monde. De la lucarne, le regard plonge sur deux miroirs au bleu intense dans lesquels se reflète la montagne. Deux mirages dans ce désert de rocaille. » (Annie)

- La forêt de Vizzavone (9e étape)

Un havre de fraîcheur pour le randonneur. Un paysage forestier et pastoral va succéder, momentanément, à la montagne abrupte. Vous allez rencontrer bergers et troupeaux de chèvres et moutons. Montés en juin dès que la chaleur devient trop forte près du littoral ils descendront de la montagne en septembre. Sur le GR®, quelques bergeries vendent le fameux brocciu, fromage fabriqué à partir du petit lait de chèvre ou de brebis. La légende dit que sa recette aurait été révélée par Salomon aux bergers corses. Le brocciu entre dans la composition de plusieurs recettes de l'île, dont l'omelette au brocciu, parfumée avec quelques feuilles de menthe. Délicieux !

Lac de Capitellu. « La brèche de Capitellu, minuscule fenêtre aérienne vue d'en bas, se conquiert à la force des jambes. La roche est dure et sans concession. La montée à travers de gros blocs rocheux fait mal aux muscles. L'expression « être sur la brèche » prend ici tout son sens. La brèche est maintenant à portée de main, bien dessinée, étroite juste ce qu'il faut. On passe le nez à la « fenêtre » pour découvrir... deux beaux joyaux de lacs, enchâssés dans la roche, posés là par on ne sait quel prodige de la nature » Pascal.

Vous ne rêvez pas !
Sur un écran géant, les Aiguilles de Bavedda (Bavella) offrent à vos yeux un inoubliable spectacle.

- Les aiguilles de Bavedda ou Bavella (14e étape)

Michel Fabrikant évoquait *« ses aiguilles de porphyre aux silhouettes fantastiques, avec des paysages lumineux où s'allient le vert des laricios, le rose du granit et le bleu de l'horizon marin »*.

La lumière s'accroche sur la roche, les heures de la journée les colorent de rose ou d'ocre, le soleil couchant les recouvre d'orange et de pourpre. Des écharpes vaporeuses de brume s'enroulent parfois autour de leurs pointes acérées. Les silhouettes des pins laricio, tordus par le vent ajoutent à la fantasmagorie du décor survolé par les rapaces comme l'aigle royal, le faucon pèlerin, le gypaète barbu. C'est aussi le domaine du mouflon, emblème de la montagne corse. Aube et crépuscule sont les périodes les plus propices pour l'observation. L'été, femelles et jeunes descendent s'abreuver en fin de journée. Les mâles ont « pris le maquis » et rejoindront les femelles à l'automne. Rut oblige ! Agile grimpeur, le mouflon se déplace aisément sur les escarpements rocheux. C'est un herbivore, les Corses ont donné à l'*Armeria multiceps* le nom d'herbe à mouflons.

Pour rejoindre Conca, le GR® 20 suit le vieux sentier qu'empruntaient les habitants de cette localité pour monter à Bavella, rejoindre leur « village d'été » construit sur un terrain que leur avait concédé Napoléon III.

- (15e et dernière étape) :

« On attaque à regret la descente sur Conca, terme du voyage. Confusion de sentiments. Mélange indescriptible de fierté et de dépouillement, de bonheur simple, de frustration d'une belle aventure trop vite achevée. Soudain, une pensée surgit comme une évidence : revenir au plus tôt sur ce sentier d'exception. GR® 20, quand tu nous tiens… » (Pascal)

Le berger et la pénicilline

Marcelle Conrad raconte : *« La pénicilline a été connue dans l'île bien avant Fleming (1929). Un jour j'étais montée voir un vieux berger qui vivait seul avec son troupeau de brebis dans la montagne. [...] Je l'ai vu descendre d'un pas alerte malgré ses 80 ans une pente fort raide qui dominait sa cabane et je me suis aperçue qu'il avait une assez profonde blessure à l'avant-bras : '' Il va falloir descendre au village, vous ne pouvez rester avec cela.'' Il me répondit en souriant : '' Oh, j'ai ce qu'il faut dans la cabane, venez voir, on se sert de ce remède depuis des générations dans ma famille.'' Il est allé chercher un pantalon de velours de coton qui avait été mouillé par du lait de brebis pendant la traite. Il y avait, sur une grande partie, une moisissure épaisse qu'il a raclée avec un couteau et qu'il a mise sur sa blessure. Dix jours après il était guéri. Il avait sur le bras une superbe croûte. »*

2012, la FFRandonnée en quelques chiffres

La Fédération Française de la Randonnée Pédestre (FFRandonnée), c'est 220 adhérents, 3500 associations, 180 000 km de sentiers balisés GR®, GRP® et PR®, 120 comités régionaux et départementaux, 250 titres de topo-guides, un centre national d'information sur la randonnée à Paris (voir « adresses utiles ») et un site internet (www.ffrandonnee.fr).

Ses missions :

• aménager et valoriser les itinéraires GR®/GRP®/PR®.

• protéger et favoriser l'accès à la nature et à l'environnement.

• développer la pratique de l'activité en organisant des rando-challenges, en proposant aux scolaires l'opération « Un chemin, une école » et en diversifiant ses collections de topo-guides.

Les marques GR® et PR® sont des marques déposées par la Fédération française de la randonnée pédestre auprès de l'INPI (Institut national de la propriété industrielle).

En Corse, montée par la variante de Bavella.

Bibliographie

- *La Vanoise*, Elizabeth Berlioz, Romain Pagès Editions, 2000.
- *La Vie de la montagne*, Bernard Fischesser, Ed. Chêne/Hachette, 1982.
- *Promenades et randonnées dans le Parc national du Mercantour/vallée de l'Ubaye*, collection Cairns, Ed. Parc national du Mercantour, 1997.
- *Dunes et étangs de Trévignon*, Conservatoire du Littoral, 1996.
- *Les Pigouillers et les goémoniers*, Ed. Kylan's, Michériou Koz, Les vieux métiers de Bretagne.
- *Cap Gris-Nez et cap Blanc-Nez*, Benoît Lobez, Actes Sud/Editions locales de France, 1997.
- *Baie de Somme Marquenterre*, Jacques Béal, Actes Sud/Editions locales de France, 1997.
- *La Côte d'Opale, des dunes flamandes à la baie de Somme*, Dominique Arnaud, Punch Editions, 1993.
- *Estuaire et dunes de la Slack*, 1984, et *Dunes et estuaire de la Slack*, 1990, Ed. Espace naturel régional, Région Nord-Pas-de-Calais.
- *Promenades en baie de Somme, de Victor Hugo à Robert Mallet*, Roger Noyon, 1995.
- *Balades sur la côte picarde*, Ed. Comité du tourisme de la Somme, 2001.
- *Le Jura, les paysages, la vie sauvage, les terroirs*, sous la direction de Michel Blant, Delachaux et Niestlé, 2001.
- *L'Alpage dans le massif du Jura*, Editions de l'Est, 1994.
- *La Taïga du Haut-Jura*, Parc naturel régional du Haut-Jura, 1994.
- *Guide découverte du musée des Maisons comtoises à Nancray*, Ed. Syndicat mixte du musée de plein air des Maisons comtoises, 1999.
- *Journal de route en Cévennes*, Robert Louis Stevenson, Ed. Privat Club Cévenol, 2002.
- *Inventeurs de GR® (Pyrénées centrales et ariégeoises)*, Maurice Noé, Ed. FFRandonnée/Coramip.
- *Les Cueillettes de confiance*, Magali Amir, Les Alpes de Lumière, Parc naturel régional du Luberon, 1998.
- *Guide d'une promenade sur le sentier découverte du Lézard au Point Sublime*, Parc naturel régional du Verdon, 2001.
- *Routes de lavande*, Ed. Comité régional de tourisme Provence-Alpes-Côte d'Azur, 1997.

Adresses utiles

Tout sur la randonnée : Centre d'information national de la Fédération française de la randonnée pédestre

Le centre est situé au siège de la fédération : 64 rue du Dessous-des-Berges, 75013 Paris (métro Bibliothèque F. Mitterrand). Tél. 01 44 89 93 93 – fax 01 40 35 85 67
Email : info@ffrandonnee.fr
www.ffrandonnee.fr

Traversée des Alpes

- Parc national de la Vanoise, 135 rue du Docteur-Julliand, BP 705, 73007 Chambéry Cedex, tél. 04 79 62 30 54, www.vanoise.com
- Parc naturel régional du Queyras, La Ville, 05350 Arvieux, tél. 04 92 46 88 20, www.pnr-queyras.fr
- Parc national du Mercantour, 23 rue d'Italie, BP 1316, 06006 Nice Cedex, tél. 04 93 16 88 88, www.parc-mercantour.com

Sentier des douaniers Bretagne

- Réserve du Cap Sizun, chemin de Kerisit, 29770 Goulien, tél. 02 98 70 13 53, www.bretagne-vivante.asso.fr (ce site renseigne sur les 14 réserves ouvertes au public en été).
- Maison du Littoral (SEPNB), Cidex 171, BP 26, 29910 Trégunc, tél. 02 98 50 00 33, www.bretagne-vivante.asso.fr
- Ecomusée des goémoniers et de l'algue, route de Saint-Michel, BP 35, 29880 Plouguerneau, tél. 02 98 04 60 30.

Monts du Jura

- Parc naturel régional du Haut-Jura, 39310 Lajoux, tél. 03 84 34 12 30, www.parc-haut-jura.fr
- Maison de la Réserve (réserve naturelle du lac de Remoray), 28 rue de la Gare, 25160 Labergement-Sainte-Marie, tél. 03 81 69 35 99, www.maisondelareserve.com

Chemin de Stevenson

- Parc national des Cévennes, château de Florac, BP 15, 48400 Florac, tél. 04 66 49 53 01, www.cevennes-parcnational.fr
- Ecomusée du mont Lozère, maison du mont Lozère, 48220 Pont-de-Montvert, tél. 04 66 45 80 73, www.cevennes-parcnational.fr
- Association « Sur le chemin de Robert Louis Stevenson » (infos hébergements et loueurs d'ânes), 48220 Pont-de-Montvert, tél. 04 66 45 86 31, www.chemin-stevenson.org

Côte d'Opale/baie de Somme

- Parc naturel des Caps et Marais d'Opale, BP 22, 62142 Colembert, tél. 03 21 87 90 90, www.parc-opale.fr
- Eden 62 (Espaces naturels départementaux), 2 rue Claude, BP 113, 62240 Desvres, tél. 03 21 32 13 74 (pour Platier d'Oye, Dunes de Slack et d'Ecault), www.eden62fr.
- Aréna, la Maison de la dune : Centre d'interprétation de l'environnement, chemin de la Warenne, BP 33 Ecault, 62360 Saint-Etienne-au-Mont, tél. 03 21 10 84 31, www.ville-st-etienne-au-mont-fr
- Parc ornithologique du Marquenterre, 48 chemin des Garennes, 80120 Saint-Quentin-en-Tourmont, tél. 03 22 25 03 06, www.marcanterra.fr
- Maison de l'Oiseau, carrefour du Hourdel, Lanchères, 80140 Cayeux-sur-Mer, tél. 03 22 26 93 93, www.cote-picarde-loisirs.com
- Baie de Canche : Maison de la faune et de la flore, Clos Saint-Victor, boulevard Bigot-Descelers, 62630 Etaples, tél. 03 21 84 13 93

Volcan du Cantal

- Parc naturel régional des Volcans d'Auvergne, Montlosier, 63970 Aydat, tél. 04 73 65 64 00, www.parc-volcans auvergne.com

Chemin de Compostelle

- « La croisée des chemins » (boutique du Comité FFRandonnée de la Haute-Loire, toutes infos sur le Chemin) : 21, rue du Collège, 43000 Le Puy-en-Velay, tél. 04 71 04 15 95, lacroiseedeschemins.com
- Parc naturel régional des Causses du Quercy, BP 10, 46724 Labastide-Murat, tél. 05 65 24 20 50.

Tout sur la rando : www.ffrandonnee.fr

Traversée des Pyrénées

- Parc national des Pyrénées, 59 route de Pau, 65000 Tarbes, tél. 05 62 44 36 60, www.parc.pyrénées.com
- Parc naturel régional des Pyrénées catalanes, 1 rue Dagobert, 66210 Mont-Louis, tél. 04 68 04 15 15, pyrenees-catalanes@wanadoo.fr

Traversée de la Haute-Provence

- Parc naturel régional du Verdon, BP 14, 04360 Moustiers, tél. 04 92 74 68 00, www.parcduverdon.fr
- Maison des gorges du Verdon, 04120 La Palud-sur-Verdon, tél. 04 92 77 32 02, www.lapaludsurverdon.com

Traversée de la montagne corse

- Parc naturel régional de Corse, BP 417, 20184 Ajaccio Cedex 1, tél. 04 95 51 79 10, Maison de l'Info, tél. 04 95 50 59 04 www.parc-naturel-corse.com

Remerciements

Mes remerciements chaleureux vont d'abord à celles et ceux qui ont bien voulu, par leurs témoignages, nous faire partager leurs émotions au fil des pages. Amoureux des chemins et de la randonnée, ils s'appellent Dominique Hermet, Eric Legrand, Pascal Leygoute, Roger et Denise Mathieu, Jean Pividori, Annie Verdure.

Mes remerciements vont aussi à Nicole Bergara (Makhila), au Comité FFRandonnée Alpes-Maritimes, à Jean-Claude Bouffart (Comité FFRandonnée Pas-de-Calais), Armand le Bloas (Comité FFRandonnée Finistère), Philippe Lambert (FFRandonnée), Joël Lecouffe (Association « Les flobarts des deux caps »), Roger Perrier (FFRandonnée), Roger Prestaux (Comité FFRandonnée Somme), la Bibliothèque Trocadéro (fonds Tourisme) à Paris, le Centre interrégional de développement de l'occitan à Béziers, Eden 62 (Espaces naturels départementaux du Pas-de-Calais), la Maison des Gorges du Verdon à La Palud-sur-Verdon, le Syndicat mixte du Puy Mary, l'Association des producteurs « Les safraniers du Quercy », le Comité interprofessionnel de la lentille verte du Puy.

Table des matières

Randonneuse d'Alberville, plan de Grassaz.

Éditeur : Anne Cauquetoux
Conception graphique : Hokus Pokus
Mise en page : graph&ti, Cesson-Sévigné (35)
Photogravure : Nord Compo, Villeneuve d'Ascq (59)
Impression : Pollina, Luçon (85) - L64170

Édilarge SA, Rennes
ISBN 978-2-7373-5724-4
Dépôt légal : avril 2012
N° d'éditeur : 6828.02.1,5.03.13
Imprimé en France